Heinz Rudolf Kunze

# Wenn man vom Teufel spricht …

HEINZ RUDOLF

# KUNZE

# WENN MAN VOM TEUFEL SPRICHT

## 200 ZEITGESCHICHTEN

adeo

# INHALT

# VORWORT

Wenn man vom Teufel spricht, dann ... ja, was eigentlich? Dann kommt er? Aber er ist doch längst schon da. Beileibe nicht als „man of wealth and taste“, sondern als der, der er immer war. Nach dem Rauswurf aus Eden übernahm Mephisto. Diabolisch, nichts anderes meint das griechische Wort, handelt, wer die Dinge durcheinandergeraten lässt, die Tatsachen leugnet, die Wahrheit beugt. „Gott fragte: Wo kommst du her? Der Satan antwortete dem Herrn und sprach: Ich habe die Erde hin und her durchzogen.“ Was er dabei gesehen hat, dürfte ihm gefallen haben. Heinz Rudolf Kunze nennt es „die unendliche Beerdigung namens Gegenwart“, und in diesen Texten ist er ihr Chronist. Kein nüchtern-bilanzierender allerdings. Die Zeiten sind nicht danach, den Rädern gelassen beim Rollen zuzusehen.

Worum geht es? Ums Spucken von Gift und Galle. Ums Beschimpfen, Klagen, Haare-Raufen. Ums Deuten auf den Verfall, häufig in lustvoller Drastik, manchmal aber auch einfach nur fassungslos. Die umschreibenden Bezeichnungen für den Teufel, früher noch wirksamer Abwehrzauber, funktionieren mittlerweile so umstandslos wie Klarnamen, heißen Trump oder AfD.

Kunze verschriftet die Gegenwart. Er kehrt den Sprachschutt, der sich zum Himmel türmt, zusammen und macht aus ihm Collagen des alltäglichen Irrsinns. „Mimesis ans Verhärtete und Entfremdete“ (Adorno) oder: Willkommen im Erlebnispark Alltag – Terror, Hetze, Dummheit,

Unfähigkeit, Verrohung, Sprachverhunzung, Trash-TV, Gesamtschulwetter und die Irrwege politischer Korrektheit inklusive.

Freilich bleibt es nicht beim bloßen Abbild. Das Gefundene wird mit Subjektivität aufgeladen und dadurch verwandelt. Dem Ich, das in diesen Texten laut wird, steht ein ganzes Arsenal an Formen zur Verfügung, wenn es darum geht, den Stoff zu bändigen. Der Gattungsbezeichnung zum Trotz: Es sind eben nicht nur Zeit*geschichten*. Neben sie tritt Gereimtes, in Strophen und Rhythmus Gebrachtes und kühn Gesetztes, mithin lyrisches Sprechen, mithin Zeit*gedichte*.

Penibel ist dabei jedem Text der Tag seiner Entstehung mitgegeben. Im Datum findet das in Sprache Gefasste seine Signatur, gibt sich zu erkennen als zugehörig zu einem ganz bestimmten Tag. Das könnte zum nachforschenden Blick in den Kalender verleiten. Warum entstand wann was? Doch wird man dem konkreten Schreibanlass wohl nur selten auf die Spur kommen. Viel gewonnen wäre dadurch ohnehin nicht. Es bliebe ein Lesen, das die Macht poetischen Verschiebens und Verfremdens verkennte. Literatur hat ihre eigene Zeit und ihr eigenes Recht oder sie ist keine. Nur Banausen ficht das nicht an. Die werden wie je Zeilen aus allem Zusammenhang reißen, sie als Beute präsentieren und dabei entweder „Jawohl!" oder „Verrat!" krakeelen, je nachdem, wie es ihnen in ihren trüben, abgestandenen, weltanschaulichen Kram passt.

Lange schon haben Kunzes Bücher den Charakter von Lied-Sammlungen abgelegt. Wer in ihnen Songtexte sucht, wird nicht mehr fündig. Und doch hat sich dadurch die Engführung beider Ausdrucksformen nicht erledigt. Platten und Bücher verweisen aufeinander, ergänzen sich und funktionieren als wechselseitiger Kommentar, ohne dabei jedoch ihre Unabhängigkeit preiszugeben. Fast könnte man von einem Gesamtwerk sprechen, von einem Textgeflecht auf alle Fälle. In ihm rückt das Ferne plötzlich wieder nah, erläutert das Neue ein Früher, das wiederum die Zukunft bereits vorweggenommen hat. Kein Kunze-Hörer, der beim Lesen von „Gegend und Heimat" nicht an den Song „Vertriebener" von 1985 denkt. Und „Lisa mit a" evoziert das (fast) gleichnamige Lied von Kunzes erstem Live-Album und bestätigt so, dass all die Zeit tatsächlich noch etwas unerledigt geblieben ist. Dass das mit Lisa eben doch Liebe war. Von Cohen besungene, von Nietzsche bespöttelte, wunderbare, unerfüllte Liebe.

So einige der in diesem Buch enthaltenen Texte wurden in den vergangenen Jahren schon vor Publikum vorgetragen. Keineswegs sind sie als bloße Einleitung, als schnöde Ansage gar zum im Konzert jeweils folgenden Lied misszuverstehen. Stattdessen verhalfen sie ihm zu mehr und häufig auch zu anderer Bedeutung – und umgekehrt. So wenn bei den vorerst letzten Auftritten mit Band die Verwünschungsorgie „Gar nicht" den Doo Wop des anschließenden „Komm mit mir" fast schon hörbar machte. Oder der Song „Der Vogel, der nach Süden zieht" durch das vorausgeschickte „Sprachen verstehen" ins Hoffnungsvolle gewendet wurde. Und auf einmal hielt man es doch wieder für möglich, dass es einen Aufschub geben kann. Dass der Winter und das Vergessen noch etwas auf sich warten lassen.

Kunzes Schreiben kann als bannendes begriffen werden. Indem es dem Schrecken nicht ausweicht, hält es ihn stets um ein Winziges in Schach. Gerade in der Absage an alle Patentrezepte zur Weltenrettung deutet es auf das, was fehlt. Der Utopie, alles könne sich noch fügen, wird die Treue gehalten. So werden Texte, poetische zumal, zum „Abwehrkampf gegen die Bestialität", so bieten sie der „Zernichtung die Stirn".

In den Lücken, die der Teufel lässt – schon Alexander Kluge wusste das –, wohnen die Menschen und tun, was sie können, um Antworten auf die alten, die großen Fragen zu finden: das Leben, die Liebe, das Altern, den Tod. Ihnen sind einige der ergreifendsten Texte dieses Buches gewidmet. Etwa die gar nicht so sachliche Romanze „Das Bad im Meer". Oder das Vergänglichkeits-Schwarzbild „Die Nacht aushalten". „Lebensfeldweg" spricht gar von den allerletzten Dingen: Am Ende der einem zugedachten Zeit wird der Horizont nur noch kriechend erreicht.

Aber davor, immer wieder, „momenthafte Wärmeschübe von Glück". Ein Licht, das von weit her kommt und die Dinge in ihrer Schönheit erst sichtbar macht. Snapshots des fraglosen Gelingens, auch das sind diese Texte. Manchmal wird die Wand, hinter der man ausgeharrt hat, gläsern, und es kommt zu der Begegnung, nach der man sich lange gesehnt hat.

Im vergangenen Jahr hat Kunze einhundert Songs von Bruce Springsteen ins Deutsche übertragen, darunter auch „This Hard Land“. Dessen Schlusszeilen „Stay hard, stay hungry, stay alive“ tauchen nun noch einmal auf, ins Eigene gewendet. Als Version mit Brille. Der Glaube an die deutende, oft auch heilende Kraft der Literatur hört niemals auf: „Seid klug. Seid belesen. Seid gelassen.“ Vielleicht hat der Teufel doch nicht die besten Lieder.

*Oliver Kobold*

# DER MENSCH ODER SEIN KLISCHEE

Na los
    na komm
mach das was man erwartet
    na los
come on
    get ready and get started
mach den lustigen Bimbo mit den rollenden Augen
    mach die brunzdumme Schlampe wo nur die Titten
    was taugen
mach den reuigen Sünder aus der tiefbraunen Szene
    den zerrütteten Junkie mit dem Pieker in der Vene
na komm
    na los
sei schrill und kurios

Mach den gläubigen Sozi mit dem Anspruch auf
Kanzler
    mach den Obdachlosen vor Berlins Café Kranzler
mach die Leseratte auf der Frankfurter Messe
    mach den Poetry Slammer mit der
    hackdummen Fresse
na los
    na komm
frisch frei und bloß nicht fromm

Mach den Innenminister auf dem rechten Auge blind
    mach das überhaupt gar nicht erziehbare Kind
mach den tatternden knatternden notgeilen Greis
    mach uns allen was vor und den meisten was weis
wir wollen nichts verstehen
    wir wollen Lügen sehen
mach die mickrige Mutter die im Haushalt versauert
    mach den neureichen Dödel der die Armen
    bedauert
mach den piefigen Pastor mit der Selbstfindungs-
gruppe
    mach den Heizdeckenschwindler mit der
    Frührentnertruppe

Mach das Öko-Mädchen mit null Bock auf Schule
    mach den Dönerbuden-Macho mit voll Haß auf
    Schwule
mach das was man erwartet
    get ready and get started
come on
    na los
dann ist der Jubel groß

Mach den Schweinepriester mit der Hand im Ferkel
    mach den Hoffnungsträger für das Amt
    von Merkel
mach den Klimaleugner und den Haßpropheten
    mach den Unfallgaffer und den Schlagerproleten

Die giftigste Frage auf der ganzen Welt
    die sich einfach immer wieder stellt
lautet: Was tut eigentlich richtig weh
    ist es der Mensch oder sein Klischee
es ist wohl der Mensch in dem das Böse keimt
mit dem er seinesgleichen leimt heimtückisch zynisch abgefeimt
    der Mensch auf den sich nach wie vor
im Deutschen nicht ein einziges Wörtchen reimt

20.06.2019

# ES IST VORBEI

Es wird nie wieder gedacht werden
    empfunden gespürt gefühlt werden
geschrieben komponiert gemalt gezeichnet
gebildhauert werden
    wie früher
es ist vorbei
    und es wird auch nicht anders besser werden
sondern nur immer so weiter schlechter
als es schon ist
    es ist aus und vorbei mit allem was gut war
und es wird auch nie wieder geliebt werden
    von gefickt ganz zu schweigen

es wird nie wieder getrunken geraucht getanzt und
gefeiert werden
    wie früher
aus dem einfachen Grund
    daß ich zu alt dafür bin
die ganze Welt geht unaufhaltsam
    beharrlich Schritt für Schritt den Bach runter
und keine andere Welt geht ihn rauf
    es gibt nur die eine
meine
    es gibt keine Hoffnung
nur abnehmenden Spaß
    schwindende Begeisterung
verblassende Lebenslust
    Erlöschen
Verfunzeln
    Verdorren
Vermickern
    Verkümmern
die Sekunden fressen an mir wie Termiten
die Tage schleifen mich ab wie die Nordsee die
norwegische Küste
    es ist vorbei
es ist wie es ist und es ist vorbei
    aus und hinüber gelaufen gestorben
schon jetzt
    zu Lebzeiten
Nochlebzeiten Dahinvegetierzeiten

man sieht wie es ist
man weiß wie es kommt
und man ahnt wie es war
denn mehr ist es nicht nur eine leise
immer leiser werdende Ahnung
denn das was war schreibt sich definitiv ohne H
soviel ist sicher mehr aber auch nicht
in absehbarer Zeit wird der Vorhang fallen
und dich unter sich begraben
und niemand da um sich zu fragen
wo der überhaupt befestigt war
in dieser großen Leere

07.07.2016

## ALSO ICH FINDE

Also ich finde da muß man doch irgendwas tun
Dinge wie diese die läßt man nicht auf sich beruh'n
Dinge wie diese die fordern uns alle heraus
Taten gefragt und nicht Worte so sieht es doch aus

Also ich finde so langsam mir reißt die Geduld
bald ist der Zeitpunkt erreicht da wird Warten
zur Schuld
jeder der wegschaut gefährdet die Demokratie
nein die ist nicht selbstverständlich das war sie noch nie

Also ich finde wir hauen jetzt hart auf den Tisch
    Gleichgültigkeit paßt zu uns wie das Fahrrad zum
    Fisch
jeder von uns hat doch sicherlich schon mal gedacht:
    Wann haben wir die entscheidenden Fehler gemacht

Wann und warum genau fuhr unser Traum vor die Wand
    änderte vieles sich doch nur das Falsche im Land
haben wir unsere Kinder so gründlich versaut
    daß man sie kaum nach der Uhrzeit zu fragen sich
    traut

Früher da gab es im Osten den Schwarzen Kanal
    westlich davon den verhetzenden Rick Löwenthal
da war die Welt noch in Ordnung die Sache war klar
    vollkommen logisch wofür und wogegen man war

Heute ist alles voll Zwielicht wohin wir auch schau'n
    Hit der Saison ist die gräuliche Tarnfarbe Braun
unsere Zukunft wird gar nicht politisch korrekt
    wenn sich bewahrheitet was in der Gegenwart
    steckt

Sinn wird vergeudet verschwendet verschenkt
    lächerlich wird an den Pranger gestellt wer noch
    denkt
Abschaum ist Maßstab der Pöbel allein triumphiert
    bald ist der letzte Politiker volltätowiert

Nur zwischen Pest und der Cholera wird noch gewählt
    nur noch betrogen wird wer sich zur Wahlurne quält
ehe die Sintflut kommt wird er noch ruhiggestellt
    Werbegeschenke sind teuer – was kostet die Welt

Reden ist Dummheit und Schweigen ist auch ziemlich blöd
    wirklich ich frag mich wie lange das hier noch so geht
Trottel regieren Idioten und andersherum
    längst ist schon Nachspielzeit – auch die ist irgendwann um

Also ich finde es Zeit daß man Farbe bekennt
    daß man das Kind mit dem Bade beim Vornamen nennt
deswegen sage ich deutlich und laut jetzt und hier:
    Hallo Herr Ober ich hätte gern noch so ein Bier

08.07.2016

# TERROR IN NIZZA

Wohin nur könnten wir denn gehen
um nicht so hoffnungslos zu sein
die Trauer läßt uns Monstren sehen
wie Nägel wachsen sie uns ein

Und ohne jeden Rat zu wissen
ertragen wir den nächsten Tag
von fast gewohntem Schmerz gebissen
wie Kreisel einst vom Peitschenschlag

Das Herz verlangt nach blinder Rache
wie neunmalklug bremst der Verstand
das Richten sei nicht unsre Sache
der Anspruch fordert allerhand

Man sieht die Opfer blutig liegen
vom Zufall zynisch ausgesucht
bestialisch tönt der Feind vom Siegen
in Ewigkeit sei er verflucht

Ich will hier keine Gnade kennen
ich will daß es die Hölle gibt
ich will was Feind ist auch so nennen
und nicht daß ihn ein Herrgott liebt

Vertilgt gehören Kreaturen
auf deren Stirnen Morden steht
verwischt für immer ihre Spuren
egal ob ihr das anders seht

Schon morgen scheint's wie ein Versehen
wir schicken uns vergessend drein
wohin nur könnten wir denn gehen
um nicht so hoffnungslos zu sein

16.07.2016

## MUSIK IST

Musik ist der Versuch
mit bloßen Händen einen Strumpf zu stopfen
Musik ist das Bedürfnis
seinem Hund Rosinen in den Kopf zu stecken
Musik ist sehr sehr wichtig

Musik ist eine Kältewallung
ist das Gefühl kurz vor der Ziellinie umkehren zu müssen
und den Lauf von vorn zu beginnen
ist wie ein langweiliger Film über Architektur
bei dem man trotzdem nicht wegschauen kann

Musik ist sehr wichtig
    außerordentlich wichtig
vielleicht ist es auch gar nicht Musik
    sondern Sexualität
aber egal

Es ist das was
    durch das Gitter der Sterne tropft
das was Flocken bildet
    Muster im Sand
Konfessionen

Mein Gott ich weiß ja nicht was ich rede
    aber genau das
ist Musik
    nicht wahr
genau das

Musik ist das was die Zunge
    zu einem Geschlechtsteil macht
und die Fußsohle zu einem Denkorgan
    ist das was man hinterher ahnt
ohne schlauer geworden zu sein

Und es kann nicht sein
    es kann einfach nicht sein
daß es keine Musik gäbe
    ohne den Menschen
das ist unmöglich

Es gäbe Musik
    auch ohne den Menschen
das ist so gewiß
    das ist so sicher wie das Erröten
Gottes

24.07.2016

# ICH WEISS EINFACH NICHT, WAS ES IST

Ich weiß nicht, was es ist. Ist es Angst? Ist es Langeweile? Keine Ahnung. Ein blinder Photograph fährt mich zur Bank. Ich soll den Scheck der Ehefrau einlösen, mit dem sie den Entführern ihres Gatten danken will. Ich mache das gern, wenn ich helfen kann. Aber dennoch mit diesem Gefühl im Bauch, von dem ich nicht weiß, was es ist.

Ein Bad wäre schön. Ein feiges, unentschlossenes, lauwarmes Bad. Jetzt, hier im Auto, das mit hundertachtzig Sachen auf dem Mittelstreifen balanciert. Alle kennen dieses Gefühl. Man spricht nicht gern darüber. Aber oft, wenn wir es finden, werden wir es nicht gefunden haben. Und wenn wir es nicht gefunden haben werden, wird es zu spät sein. Ist es jetzt so weit, unwiderruflich, daß dieses Ding in der Hose nur noch zum Pinkeln taugt? Und selbst das nur bedingt. Und hauptsächlich nachts.

„Kann schon sein“, grinst der blinde Photograph. „Bitte recht freundlich, aber ohne zu lächeln. Stell dir einfach vor, du bist ein Entführer.“

Ich weiß nicht, was es ist, und fühle mich eher wie der Entführte. Und ich schäme mich so, weil so viele Engländer schlechte Zähne hatten nach dem letzten Krieg, denn es gab keine Orangen, sagt der blonde, nein, der blinde Photograph, der aus London stammt. Und schuld daran waren irgendwie wir Deutschen. Also an den Orangen, beziehungsweise an den keinen Orangen. Nicht daran, daß er aus London stammt. Und am meisten schäme ich mich, weil ich gar keine Orangen mag, nie mochte und nie mögen werde.

Vielleicht ist es das.

27.08.2016

## DU BIST NICHT ICH

Du bist der Jäger, der loszieht, um ein Reh zu schießen, und heimkehrt mit einem Tiger. Du bist der Prediger, der glaubt, nur einen Größeren anzukündigen. Doch deine Hörer wissen: Du bist es selbst. Du bist das Prickeln auf der Haut beim Anblick einer nackten jungen Frau, die nichts zu befürchten, nichts zu erdulden, nichts zu bereuen hat. Du bist genau das, was ich suche. Du bist nicht ich.

Du bist der Käpt'n in der Südsee, der sich die Meuterei zu eigen macht und anführt. Du bist der Einsiedler im Packeis, der, wenn er seinen Fluchtpunkt verlassen würde, der mächtigste Mann der Welt sein könnte. Du bist alles das, was ich ersehne. Du bist nicht ich.

Du bist der Slide-Gitarrist, der Robert Johnson, Elmore James und Brian Jones vergessen läßt und den Blues neu über die Erde ausgießt. Wie einen Heiligen Geist. Du weißt, wie man die Lebensform der Familie ins nächste Jahrtausend retten kann. Wie man Warzen bespricht und wie die europäische Idee nicht sterben müßte. Du bringst jeden Terroristen zum Lachen. Du bist genau das, was ich brauche. Das, was wir alle brauchen. Du bist nicht ich.

Du würdest niemals eine Rasierklinge an den Himmel halten, denn die Wolken könnten Blut verlieren. Und du würdest niemals bezweifeln, daß selbst das kleinste Ding auf der Welt einen Namen hat und eigentlich verdient, daß man ihn kennt und nennt. Eine Aufgabe, die das Menschenmögliche übersteigt. So wie alles Wertvolle. So wie du, der ich nicht bin. Denn ich bin nur der, der ich bin.

01.09.2016

# WOLKEN

Wolken sehen aus wie Kontrabässe,
waagerecht ins Himmelblau gelegt ...
allerdings statt braun von fahler Blässe,
und dazu ein bißchen ungepflegt.

Oder wie historische Gesichter,
die man nicht recht unterbringen kann:
„Ist das ein Gelehrter? Oder Dichter?
Mensch, woher bloß kenn ich diesen Mann?"

Wind kommt auf. Und mit ihm seine Eile,
fratzenartig wird das Konterfei,
karikiert sind alle Einzelteile,
das Aha-Erlebnis ist vorbei - - -

Manche Wolke weigert sich zu gaukeln,
will nichts andres sein als Wolke bloß –
weigert sich die Schaukel, uns zu schaukeln,
gibt die Phantasie ihr einen Stoß!

Und wir sehen Mumien und mitunter
eine schöne unverhüllte Frau ...
nur bei Tage machen Wolken munter.
In der Nacht sind alle Wolken grau.

04.09.2016

# WAS BASTELT DER DA

Was bastelt der da
    was wird da gebaut
geklopft und gehämmert
    mal leise mal laut
was bastelt der da
    was wird hier gespielt
der will uns doch foppen
    bewußt und gezielt
ein Schuppen im Garten
    gleich hinter dem Haus
kein einziges Fenster
    sieht unheimlich aus
da werkelt er heimlich
    bis tief in die Nacht
was geht da bloß vor sich
    was wird da gemacht
was bastelt der da
    also wirklich ich denke
bestimmt nichts für Ostern
    oder Weihnachtsgeschenke
was bastelt der da
    aus Eisen und Stahl
was führt der im Schilde
    zum Teufel noch mal
noch niemand war drinnen
    er läßt keinen rein

wie soll man bei sowas
    nicht mißtrauisch sein
nach außen hin wirkt er
    normal und mausgrau
hat anderthalb Kinder
    eine häßliche Frau
fährt morgens zur Arbeit
    kommt pünktlich zurück
perfekt ist die Tarnung
    ein ganz fieses Stück
was bastelt der da
    was hat der im Sinn
wenn keiner ihn aufhält
    sind wir irgendwann hin
jetzt kommt er herüber
    und er klopft an die Tür
keinen Mucks halt die Luft an
    wir sind einfach nicht hier
Ach Sie öffnen den Schuppen?
    Ach Sie laden uns ein?
Ja wo denken Sie hin!
    Unsre Antwort ist Nein!
was bastelt der da
    was bastelt der da …

07.09.2016

# ICH DU ER

Du bist der einzige Mensch
    zu dem ich Ich sage
zu mir sage ich Er
    und zum Rest sag ich sie
großgeschrieben Sie
    oder kleingeschrieben sie
aber du bist der einzige Mensch
    zu dem ich Ich sage
so gut kennen wir mich
    da ist er sich ganz sicher
und du bist es mir auch
    wenn du aufgerufen wirst beim Jüngsten Gericht
als Zeugin oder Angeklagte
    dann wirst du mit Ich antworten
also mit ihm
    und der Höchste Richter wird wissen
wer gemeint ist
    und er wird dich freisprechen von jeder Anklage
und er wird dich entbinden von jeder Zeugenpflicht
    und er wird es dir überlassen
ob du aus völlig freien Stücken
    etwas aussagen möchtest über ihn
der Höchste Richter wird es ganz in deine Hand legen
    ob du ihn belastest
oder ob du ihn entschuldigst
    und er ist sich absolut sicher

daß das der Moment sein wird wo du sagen wirst:
    Ich liebe ihn
ihn der von sich selbst
    immer nur als Er sprach
und von diesem Augenblick an
    werde ich endlich Du sagen können und sagen:
Ja
    ich liebe dich auch

16.09.2016

## WOHIN IST GANZ EGAL

Also laß uns gehen, Liebste, es ist unsres Bleibens nicht länger hier. Fast scheint es so, als wären wir niemals willkommen gewesen. Als hätten wir nur etwas mißverstanden.

Lange haben wir ausgeharrt, Liebste. Auf Zeichen gewartet. Menetekel. Orakel. Aber nichts, einfach gar nichts geschah. Ich habe um dich mit den Gauklern gewürfelt. Schneeweiße ausgeschlagene Zähne rumpelten im Becher. Und du hast um mich mit den Weibern getanzt, nachts an den Feuern, bis es Fußsohlen sengte und Haare. Nicht immer haben wir einander gewonnen. Nicht immer unsere Namen behalten. Das nahmen wir hin, aber kaum je zur Kenntnis.

Doch jetzt ist es Zeit, daß wir gehen, mein Goldstück. Die Schausteller falten die Buden zusammen. Der hagere

Norbert läßt die Luft aus der Geisterbahn. Die einbeinige Mechthild fischt die Geldscheine aus ihrem Straps. Und der Himmel ist grau von der Asche der Flammen.

Wie man es wendet und dreht, meine Liebste, vorbei ist der Rummel. Runtergerissen der letzte Schleier. Der Zauber hat sich entmummt. Sie packen zusammen und gehen. Und keiner, Liebste, keiner von ihnen wird es nötig finden, sich nur ein einziges Mal umzudrehen zu uns beiden. Auch wir sollten sehen, daß wir Land gewinnen. Irgendwo Boden unter den Füßen. Wo man uns braucht. Wo man uns wahrnimmt. Wo man sich etwas von uns erhofft.

Wir haben ja so viel gestaunt, meine Liebste. Wir waren die dankbarsten Zuschauer, die sich ein drittklassig lustiger Tölpel nur vorstellen kann. Sie haben es uns nicht gedankt. Das Ganze war ein Irrtum, Liebste. Und zwar ganz unsererseits. Sie haben getan, was sie mußten. Wir haben getan, was wir wollten. Und gelassen, was wir sollten.

Laß uns aufbrechen, Liebste. Nutzen wir die letzte Chance, auf die es keine Garantien gibt. Und wenn sie kommt, kein Umtauschrecht. Es dämmert schon. Die dunkelste Stunde ist vorbei. Laß uns balancieren auf dem ersten Sonnenstrahl. Egal wohin. Nur weg von hier. Wohin ist ganz egal.

17.09.2016

# KÖNNEN UND WOLLEN

Früher wollten wir, daß der Spaß zur Pflicht wird. Heute wollen wir, daß die Pflicht Spaß macht.

Früher schlugen wir uns den Bauch voll und hatten keinen. Heute haben wir den Salat und haben einen.

Früher näherten wir uns schockierend der Schallgrenze und waren Fußball-Ultras. Heute nähert sich uns der Vertrauensarzt mit der Glitschcreme und dem Kolben der Ultraschalluntersuchung, der aussieht wie ein Elektroschocker.

Früher stellten wir uns die Nachrichtensprecherinnen nackt vor. Heute sehen wir keine Nachrichten mehr.

Früher war die Selbstbefriedigung ein warmes Gefühl in der rechten Hand. Heute lassen wir sie kühl links liegen.

Früher waren wir überzeugt von jedem Wetter. Heute haben wir immer den Verdacht, daß der Sonnenschein trügt und daß das Blaue am Himmel gelogen ist.

Früher schnupften wir den Schnee, als gäbe es kein Morgen. Heute ist er der von gestern.

Früher waren wir hinterher völlig hin. Heute sind wir schon vorher meistens weg. Und dabei immer diese fast schon schmerzhafte Gewißheit, daß es gerade die Löcher in unserem Gedächtnis sind, in denen sich etwas Drittes verbirgt, das den Unterschied ausmachen könnte zwischen früher und heute auf der einen Seite und etwas ganz anderem.

Eigentlich möchte man fließend rückwärts sprechen können, um sich all das Entschwundene wiederzuholen.

Herbeizubeschwören. Ach, man würde freudigen Herzens alles dafür hergeben, um das wenige zurückzubekommen, das so viel mehr war als alles, was sich danach zu einem sogenannten Leben auftürmte. Dieses Leben, das uns das Können schon weitgehend genommen hat und nun hart daran arbeitet, uns auch noch das Wollen zu nehmen.

Willkommen bei der unendlichen Beerdigung namens Gegenwart. Nicht zu verwechseln mit der Beerdigung des Unendlichen namens Zukunft.

06.10.2016

## STEHENZUBLEIBEN FÜR IMMER

Den einen Satz
    noch nicht gefunden,
an dem zu feilen tagelang
    Flaubert
der Mühe wert erachtete.

Weder seinen
    noch meinen.

Gleich und sogar weniger gleich
    Altrige bereits gestorben –
Wegbereiter dort,
    wo nichts

und niemand mehr
ein Verb benötigt.

Wieder und wieder der Wunsch,
wieder und wieder wild entschlossen
stehenzubleiben für immer
bei Grün.

04.11.2016

## DAZWISCHEN

Meine besten Mitteilungen sind die, die ich nie abgeschickt, sondern gelöscht, zerrissen, weggeworfen habe. Meine allerbesten Mitteilungen sind die, die ich überhaupt nicht schrieb. Und das Allerallerbeste ist: Ich habe überhaupt noch niemals an Mitteilungen gedacht.

Auf diese und nur auf diese Weise kommt man der Wahrheit nahe. Der Wesentlichkeit oder meinetwegen dem Stadium der Heiligkeit. Es ist fragil. Es ist instabil. Es ist in seiner Existenz weitaus gefährdeter als eine Seifenblase im Sturm. Und erreichbar nur im Aggregatszustand des Ungedachten, ja des Undenkbaren.

Das Leben im Zitat, sagt Thomas Mann, ist eine Form der Freiheit. Das Existieren in einer hellen bewußten sich selbst genügenden Leere, sage ich, und ich glaube,

Leonard Cohen hätte dazu genickt, ist die einzig mögliche Form einer Reflexion des dunklen Spiegels des Göttlichen.

Derartige Überlegungen mögen viele für schwer verständlich halten. Für verstiegen. Für obskur. Sie sind es auch. Aber wenn es uns gelingt, dies alles nun Wort für Wort, Silbe für Silbe, rückwärts umzustoßen wie Dominosteine, bis es unsichtbar wird, unhörbar, unlesbar, wenn auch nicht ungeschehen, dann könnte dies ein Hinweis sein, wie man zur Einsicht gelangt. In die Akten der Unendlichkeit.

Denn man muß hinaufsteigen auf einer Leiter, angelehnt an nirgendwas. Denn nirgendwas ist nicht nichts. Auch nicht das Gegenteil. Sondern irgendwas dazwischen.

11.11.2016

## DAS IST DOCH ZU EINFACH

Morgen für Morgen, und das mit den Jahren früher und früher, die Augen aufschlagen. Wie ein Buch, leer bis auf ein paar Sandkörner und zwei drei Fettflecke Licht. Und das zerknickte Lesezeichen der Träume fällt heraus und trudelt erratisch wie eine Feder auf den Fußboden neben die Hausschuhe:

Das ist doch zu einfach.

Da trügt doch der Schein.

Das ist zu einfach.

So einfach kann es doch wirklich nicht sein.

Schlurfend dann ins Badezimmer torkeln wie verschleppter Jazz. Die Blase befreien von den Rauschrückständen des gestrigen Abends im wortkargen Garten Gethsemane. Die Zähne schrubben wie die Deckplanken der Titanic, damit man nicht irgendwann auf dem Zahnfleisch dem Eisberg entgegengeht:

Das ist doch zu einfach.

Da lauert doch todsicher eine Falle.

Da steckt doch was dahinter.

Und irgendwann erwischt es sicher alle.

Ein Ei von blassem Ampelgelb und ein Wenigerrettichquark sind auch nur ein schwacher Toast für Nieselregenkaffee und Reformstaumeldungsradio. Die gute Fee ist auf Diät und schneidet sich so verbittert die Fußnägel, daß du es vom anderen Ende der Wohnung her hörst. Jetzt wäre ein guter schlechter Zeitpunkt, um wieder mit dem Rauchen anzufangen und jeder sich dadurch verkürzenden Lebensminute einen Tritt und keinen Pfifferling mitzugeben. Da, schau her: Der Himmel ist wider Erwarten blau. Aber die Kerosinspuren der Flugzeuge schraffieren ihn zu Rechenpapier.

Das ist doch zu einfach.

Ich komme bloß nicht auf den Trick.

Ich hab keinen Schimmer.

Das enthält ja noch immer Restbestände von Glück.

Dann hinaus in die Welt. Hinaus in den Tag mit der einen einzigen immer gleichen Frage: Wirst du Kegel sein oder Bowlingkugel? Das weißt du erst in dem Moment, wo es scheppert. Es sei denn, du taumelst ins Leere als Kugel in die Pißrinne der Vergeblichkeit. Dann freuen sich die Kegel, weil sie ausnahmsweise stehenbleiben dürfen. So wird ihnen wenigstens eine von Millionen Auferstehungen erspart. Und sie werden nicht sinnentleert nach oben gezogen. Denn sie wissen ja: Sie werden doch nur wieder runtergelassen. Neu aufgestellt in Reih und Glied, in der ewigen Erwartung, unter Gejohle abgeräumt zu werden.

Es mag ja sein, daß späte Einsicht die Hölle ist. Aber sein Schicksal schon vorher zu wissen, hat jedenfalls wenig mit dem Himmel zu tun.

Das ist doch zu einfach.

Zu billig. Zu mies. Und zu klein.

Das ist doch viel zu einfach.

Da muß doch einfach noch was anderes sein.

28.11.2016

# MEIN LEITSTERN

Du bist mein Leitstern, ob es dir paßt oder nicht. Ich ahme deine Bewegungen nach, deine Gewohnheiten, deine Stimmungen, soweit du sie nach außen trägst. Wenn dir das recht ist, ist es gut. Wenn nicht, auch.

Du bist mein Leitstern. Das hat sehr viel mehr mit mir zu tun als mit dir. Du legst es nicht darauf an. Oder höchstens so sehr, wie du es darauf anlegst, der Leitstern von jedem zu sein. Das ist mir klar. Und wenn du mich gar nicht kennen würdest (was der Fall ist, weil du mich nur in dem höchst allgemeinen Sinn kennst, wie du alle, die dir folgen, zu kennen glaubst) ist das auch nicht schlimm. Ich liebe dich nun einmal. Und das ist meine Sache. Nicht oder nur weniger deine. Ich erwarte gar nicht, wiedergeliebt zu werden. Es wäre schön. Es wäre gewissermaßen eine Zugabe zu dem mit mir oder ohne mich stattfindenden Konzert deiner Existenz. Es findet ja tatsächlich mit mir statt. Du kannst mich nicht sehen. Ich bin nur einer von vielen im Dunkel. Im Rauschen einer großen gemeinschaftlichen Zustimmung.

Du bist mein Leitstern. Du leuchtest meinem Denken und meinem Handeln. Du leuchtest ihm ein und du leuchtest ihm heim, wo immer ich mich gerade befinde. Ich weiß nicht, ob du meinen Dank willst. Du erfährst Dank von vielen Menschen. Manchmal siehst du so aus, als ob er dir angenehm ist. Manchmal nicht. Es spielt keine Rolle. Jedenfalls nicht für mich. Mein Dank ist dir sicher. Es wäre ein beglückender Gedanke, daß er dich irgendwie erreicht. So unwahrscheinlich es sein mag. Aber es geht auch so.

Irgendwo bist du und ich bin irgendwo anders. Und wir beide werden immerhin eine gewisse Zeitspanne Gleichzeitigkeit miteinander auf der Erde geteilt haben. Das ist eine Tatsache jenseits aller Erwartungen und Wünsche. Dir mag es egal sein. Mir ist es genug.

Danke.

30.11.2016

## DIE NACHT AUSHALTEN

Sechzigjährig denke ich manchmal, wenn es dunkel wird und der Abend hereinbricht: So, jetzt muß ich aber wohl ins Bett. Wie der Sechsjährige es dachte, auch wenn er es sich nicht eingestand, weil er gerne noch länger aufbleiben wollte. Die Müdigkeit bekämpfend und in dem irrigen Gefühl, etwas zu verpassen.

Sechzigjährig geworden bin ich in diesem Moment und bei diesem Gedanken nicht müde, glaube aber immer noch, nicht alt genug zu sein, um länger aufbleiben zu dürfen. Noch nicht genügend gerüstet zu sein für die Nacht.

Und dann suche ich irgendwo, und sei es im Schuhschrank, meinen Vater und meine Mutter, damit sie mir sagen, wie das geht. Die Nacht auszuhalten.

Aber keiner sagt was. Und meine Kinder, denen ich

das früher gesagt habe, ohne recht zu wissen, was ich da sagte, sind auch schon lange nicht mehr da. Und so sitze ich allein im Zimmer, in der Mitte zwischen Vater und Mutter, die es nicht mehr gibt, und Sohn und Tochter, die abwesend sind, und weiß nicht, wie das funktionieren soll. Die Nacht auszuhalten.

Und fühle mich zu jung dafür. Und nicht, daß ich weine. Aber ich wundere mich.

06.12.2016

## SERIENSCHAUSPIELER

Sobald mir jemand etwas Gutes tut, habe ich Angst um ihn. Angst, daß ein Schicksalsschlag ihn dafür bestraft, mir etwas Gutes getan zu haben.

Weil ich immer wieder einmal nichts von mir halte, mich nicht leiden kann und glaube, daß ich es nicht wert bin, daß mir jemand etwas Gutes tut. Wobei mir gar nicht in den Sinn kommt, daß er es vielleicht ganz einfach um seiner selbst willen tut. Oder seinetwegen. Daß es ihm nicht weiter wichtig ist, was ich oder was ich nicht wert bin. Und daß Schicksalsschläge sich ereignen oder ausbleiben. Nach ganz eigenen oder nach gar keinen Regeln.

Vielleicht ist genau das meine Sünde: die Tatsache, daß ich immer alles auf mich beziehe. Die ganze Welt. Vielleicht ist gerade das meine Schuld. Obwohl es mir eher wie ein Geburtsfehler vorkommt, für den ich nichts kann. Es ist schwer zu sagen.

Ich freue mich natürlich, wenn mir jemand etwas Gutes tut. Aber dieser Freude ist immer Angst beigemengt. Ich fühle mich wie ein Schauspieler in einer unendlichen Fernsehserie, der nicht weiß, ob er durch sein Mitspielen seinen Beruf verrät oder ihn krönt.

06.12.2016

## 649

Meine Frau bittet mich im Traum, ihr unbedingt einen Trainingsanzug zu besorgen. In Größe 649. Die Farbe sei beige, mit roten, blauen und schwarzen Streifen. Der einzige, den es in dieser Größe gibt, ist rattengrau. Den mag sie nicht. Na gut, sage ich, dann ziehe ICH ihn an.

Mir macht die Farbe nichts aus.

Daß die Wahrheit unsagbar ist, ist die Überzeugung des Mystikers. Daß die Wahrheit unsäglich ist, die des Spötters. Aber was ist die Wahrheit von 649? Was bedeutet diese Größe 649? Sechs. Hundert. Neun. Und vierzig.

Auf jeden Fall muß es bedeuten, daß ich abgenommen habe.

Denn früher hätte mir nie ein Trainingsanzug meiner Frau gepaßt.

27.01.2017

# ARMER ODYSSEUS

Als Odysseus doch heimkam nach schier endloser Irrfahrt, reinigte er seine Heimstatt von Freiern. Jagte die Schmarotzer zum Teufel. Sprengte den Belagerungsring der geilen Parasiten, die ihm die Gattin entfremden wollten. Sie ihm abspenstig machen durch freches Bedrängen.

Keinen der Schurken verschonte Odysseus. Keinen ließ er entkommen ohne sein Scherflein an Prügel. Stolz ruhte das Auge der treuen Gemahlin auf ihrem Helden.

Odysseus aber atmete schwer nach verrichtetem Strafen. Fallen ließ er sein Schwert und breitete aus seine kräftigen Arme. Jauchzend warf sich die Gattin ihm an die bebende Brust, wieder und wieder den Namen des Ehemanns rufend, den sie so lange im Traum nur über die flüsternden Lippen brachte:

„Odysseus."

„Odysseus."

„Odysseus."

Er aber, restlos erschöpft von den Kämpfen und Plagen, Abwegen, Irrtümern, Abenteuern, nannte nur mehr ein Gehirn noch sein eigen, in dem gleichzeitig Winter- und Sommerschlußverkauf herrschte.

„Eurydike!", brach es aus ihm heraus. „Eurydike! Liebste! Endlich daheim!"

Falsche Antwort, Odysseus. Das war die Alte von Orpheus. Die anschließende Ohrfeige brachte ihm einen Tinnitus ein sowie das Bedürfnis, sich zu verkriechen für den Rest seines Lebens im Bauch des Trojanischen Pferdes.

Zu lange Seefahrt ist schlecht fürs Gedächtnis. Und für die Reparatur der Beziehung fand er danach kein Mittelmeer.

19.01.2017

## LISA MIT A

Wer A sagt, muß nicht auch B sagen. Das war dein Lieblingsspruch. Nach ihm hast du gelebt. Und du hast oft A gesagt zu mir.

Wie viele Stunden lagen wir auf deinem oder meinem Teppich, schwiegen bei guter Musik oder redeten die Geschichte der abendländischen Philosophie rauf und runter, bis es Morgen war. Leonard Cohen streichelte dir über dein kornblondes Haar und Friedrich Nietzsche drehte mir eine lange Nase. Wir lagen eng beieinander.

Manchmal dachte ich, ich kann in deinen riesengroßen dunklen Augen bis auf den Grund sehen. Und da sitzt ein Kind und wartet darauf, daß man es aus dem Brunnen herausholt, in den es gefallen ist.

Und manchmal wünschte ich, daß Blicke küssen könnten. Nicht nur im übertragenen Sinne. Aber dazu ist es nie gekommen. Vielleicht hast du darauf gewartet. Ich auf jeden Fall.

Es ist nie was geworden mit uns. Ich wüßte zu gerne, ob du mitbekommen hast, was aus mir geworden ist und wie du das findest. Vielleicht hätte ich dir damals die Entscheidung abnehmen, die letzte kleine Schwelle überwinden und an deiner Stelle B sagen sollen. Und nicht nur wieder und wieder deinen Namen.

Lisa.

Mit a.

20.01.2017

# ICH KENNE DICH NICHT

Er war der berühmteste Künstler der Welt. Zumindest in Deutschland. Also tausendmal bekannter als die Bundeskanzlerin. Und immerhin noch hundertmal bekannter als Udo Lindenberg. Alle liebten ihn. Junge und alte Männer und Frauen, Linke und Rechte, Fleischfresser, Flexitarier und Veganer. Sogar die Kritiker hatten vor seinem überwältigenden Erfolg kapituliert und lobten ihn heuchlerisch.

Er war sehr mit sich zufrieden, bis man ihm eines Tages von einem Einsiedler im Fuchtelgebirge erzählte, der noch nie von ihm gehört haben sollte, vermutlich als einziger Bewohner des ganzen Landes. Das ließ dem Künstler keine Ruhe.

Sofort machte er sich auf den Weg und fand den sagenumwobenen Mann und seine Hütte in einem finsteren abgelegenen Tal. Er klopfte an die Tür und nannte seinen Namen. Nach einer langen Weile antwortete eine leise Stimme: ICH KENNE DICH NICHT.

Das spornte den Künstler an. Er packte seine Gitarre aus und sang lauthals seine größten Hits. Alle 82. Doch jedes Mal, wenn ein Lied zu Ende war, hieß es von drinnen wieder: ICH KENNE DICH NICHT.

Bis der Künstler vor Wut schnaubte. Er hatte Plakate mit seinem Gesicht und seinem Namen darauf mitgebracht. Empört klebte er sie an jeden Baum rings um die Hütte herum. Er pappte sie von außen an die Fenster und schob eines unter der Eingangstür durch. Es half alles nichts. Unaufhörlich mußte er von drinnen vernehmen: ICH KENNE DICH, KENNE DICH, KENNE DICH NICHT.

Bis er wimmernd auf der Schwelle zusammenbrach. Mit tränenverschleierten Augen sah er, wie die Tür sich langsam öffnete, und ein Mann heraustrat. Es war er selber.

Und jetzt wüßtet ihr sicher gerne, wie die Geschichte weitergeht. Ich auch.

21.01.2017

# STRANDKÖRBE

Strandkörbe haben bei mir einen Stein im Brett, wenn das schiefe Bild erlaubt ist. Ich liebe Strandkörbe. Einer hat meinen ersten Kuß behütet und vor dem Rest der Welt verborgen. Und in einem andern saßest du lächelnd in einem Bikini, mit deinen lang ausgestreckten Beinen, die einem den Atem verschlugen. Der liebe Gott war wirklich in Höchstform, als er dir diese zwei Stelzen mitgab auf den Weg.

Ein Photo hat diese Situation festgehalten. Lange Zeit war es das einzige, das ich von dir besaß. Wenn ich wach war, steckte es in meiner Brusttasche. Wenn ich schlief, lag es unter meinem Kopfkissen. Es sei denn, ich betrachtete es gerade. Ein Schwarz-Weiß-Photo. Ich habe es so oft angeschaut, bis nichts mehr zu erkennen war. Kein Strand mehr. Kein Korb mehr. Und auch du nicht mehr.

Ich liebe Strandkörbe. Aber wie rasend schnell die rote Sonne untergeht hinter der Linie des Meeres. Schneller als anderswo. Und endgültiger.

21.01.2017

# DER GEKREUZIGTE

Der Gezeichnete rollt den Felsbrocken den Hügel hinauf. Sobald er es geschafft hat, läßt er den Brocken los, der wieder hinabrollt.

So geschieht es immer wieder. Der Felsbrocken ist schwer. Der Hügel ist steil und hoch. Und der Gezeichnete nur ein Mensch von durchschnittlicher Stärke. Es kostet ihn also die allergrößte Mühe, den Brocken hinaufzurollen. Da es immer wieder geschieht, geschieht es immer wieder wie zum ersten Mal. Der Brocken behält seine Ecken und Kanten. Er wird nicht zur Kugel, die die Sache vereinfacht. Der Hügel wird nicht flacher durch Wind und Wetter im Lauf der Jahrmillionen. Und der Gezeichnete wird weder stärker noch schwächer. Er wird nicht einmal älter. Geschweige denn klüger im Hinblick auf die Frage, warum er das tut.

Er weiß es nicht. Er hat es nie gewußt. Er wird es niemals wissen. Es ist wohl eine Art Müssen, weil er es nicht lassen kann. Aber es existiert kein Befehl. Die Wiederholung. Die Wiederholung ist es, die heilige Wiederholung, die fraglose Gewohnheit, das selbstverständliche Ritual. Es ist die Wiederholung, die den Menschen vor dem Nichts schützt. Der Mensch braucht die Wiederholung. Ohne Wiederholung kann er nicht leben.

Genau wie ohne Lüge. Wer alles nur einmal tut, wird wahnsinnig. Wer alles nur selten tut, melancholisch. Und wer alles hinreichend oft und in Maßen tut, wird langweilig. Wird ein spießiger Esel der Genugtuung.

Unser Felsbrockenschieber ist der Held des Menschlichen. Der an den Menschen Gekreuzigte.

25.01.2017

## TREUEPUNKTE

Ja, hallo, ich bin der Jörg. PIEP Ich bin 38 PIEP und komme aus SalzPIEPgitter und suche PIEP auf diesem PIEP Wege eine neue Partnerin. PIEP Ich bin schon zweimal tief enttäuscht worden und deshalb vertraue ich jetzt mein Schicksal dieser neuen Technik an.

PIEP. PIIIEEEP. Uschi, wieviel war noch mal das Suppengrün? Ich bin eher so PIEP der treue PIEP anhängliche Typ. Ich stehe auf Heinz-Erhardt-Filme und PIEP die Amigos. Aber ich bin da geschmacklich ganz PIEP offen. Also wenn du – wer immer du auch bist – lieber was Wildes, Fetziges hörst, PIEP Matthias Reim oder so, kein Problem. PIEP PIEP PIEP Mein Lieblingsessen sind Spaghetti. Meine Lieblingsfarbe ist Blau. Aber nicht ZU blau. Ich wandere gerne. Vor allem im Ostharz. Der ist ja touristisch total unterschätzt. Ein echter Geheimtipp. PIEP.

Ansonsten bin ich nicht unbedingt so der sportlichste Typ. Also mehr so'n Sofasportler. Aber ich schalte auch sofort um, wenn du PIEP Rosamunde Pilcher sehen möchtest. PIEP Kein PIEP Problem. Das müssen Sie abwiegen, da hinten links.

Ja, beruflich bin ich PIEP im kaufmännischen Bereich PIEP tätig. Also ich sitze an der Kasse bei Famila. Uschi, wieviel waren noch mal die Slip-Einlagen? Aber PIEP wenn ich richtig ranklotze, PIEP PIEP dann bin ich in einem Jahr hinter der Fleischtheke und in fünf Jahren Filialleiter. PIEP Das ist jedenfalls mein Ziel. Ich finde, man soll sich schon ehrgeizige Ziele setzen im Leben. Keine halben Sachen. Tierfutterverkäufer oder Getränkemarktleiter oder so. Nee, nee. PIEP Wenn schon, PIEP denn schon.

PIEP. Okay. Ja, wenn du also Interesse hast, dann PIEP melde dich. Ich beantworte alle ernst gemeinten Anfragen. Sechs Euro dreiundfünfzig zurück. Tschüß. Schönen Tag noch. Und ich sag mal so: PIEP Ich kann dir nicht das Blaue vom PIEP Himmel versprechen. Aber eins ist klar: Bei PIEP mir kriegst du immer Treuepunkte.

01.02.2017

# DER PECHBRINGER

Ich liebe Fußballspiele. Aber ich kann sie mir nicht ansehen. Genauer gesagt: Ich darf nicht.

Denn wenn ich sie ansehe, verliert die von mir bevorzugte Mannschaft. Das ist ein Gesetz.

Und wie jedes richtige Gesetz läßt es sich nicht erklären. Es ist einfach so und nicht anders: Die Zuneigung, die ich meiner Mannschaft entgegenbringe, hat auf sie eine verheerende Wirkung. Sie trifft das Tor nicht. Und kassiert jede Menge Treffer.

Ich habe alles versucht herauszufinden, woran das liegt. Es bleibt unergründlich. Meine Sympathie ist mit Pech behaftet. Meine Parteinahme mit Unglück. Also mußte ich die Konsequenzen ziehen und mich gegen mein Bedürfnis entscheiden. Ich sehe mir keine Fußballspiele mehr an.

Eine Weile bin ich noch draußen ums Stadion herumgeschlichen. Ich wollte zumindest in der Nähe sein. In Hörweite. Doch allzubald mußte ich feststellen, daß der Torjubel, den ich vernahm, immer der des gegnerischen Anhangs war. Mein negativer Einfluß machte sich also sogar über einige Entfernung hin geltend. Sobald ein Spiel angepfiffen wurde, begab ich mich daraufhin ans andere Ende der Stadt. Ja, schließlich weit aus ihr heraus.

Es half alles nichts. Meine Mannschaft konnte nur gewinnen, wenn ich von ihren Spielen nichts wußte. Und zu größerem Erfolg würde sie nur gelangen, wenn ich mich gar nicht mehr für Fußball interessieren würde.

Das wurde mir nach und nach mit unabweisbarer Deutlichkeit klar. Aber das konnte ich doch nicht. Wie sollte ich denn meine Liebe zu Fußballspielen aus mir herausreißen? Diese Anforderung an mich blieb unerfüllbar, solange ich mir nicht das Leben nahm.

Um es kurz zu machen: Genau das tat ich dann schließlich. Für meine Uneigennützigkeit, für meine Selbstlosigkeit kam ich in den Himmel. Jetzt schaue ich mir die Spiele meiner Mannschaft von oben an. Ein phantastischer Platz. Besser als jede Loge. Und was soll ich sagen: Sie verlieren. Und verlieren. Und verlieren.

04.02.2017

# ICH KANN NICHT MEHR

Ich kann nicht mehr
    ich kann nicht mehr
ich kann nicht mehr
    ich kann nicht mehr

Ich kann nicht mehr
    ich kann nicht mehr
ich kann nicht mehr
    ich kann nicht mehr

Ich kann nicht mehr
    ich kann nicht mehr
ich kann nicht mehr
    ich kann nicht mehr

Aber auch (das muß hier mal gesagt sein
    diese auszusprechen muß
jawohl Aus Fertig Schluß
    gewagt sein

Weil es ja wirklich stimmt
    mir sonst den Atem nimmt
sodaß ich dran ersticke
    wenn ich's nicht geraderücke

Ins rechte Licht nicht setze
    sodaß ich mich verletze
wenn ich es nicht betone
    nein nein es geht nicht ohne

Das muß man doch verstehen
    sonst wird es übersehen
konkret unmißverständlich
    na gut ich sag es endlich):

Ich kann nicht mehr
    ich kann nicht mehr
ich kann nicht mehr
    aber auch nicht weniger

19.02.2017

# ICH BIN DIE BEATLES

Ich bin die Beatles
    alle vier
ich bin sie wirklich
    glaubt es mir
das was real ist
    kommt zu den Akten
es zählen nur noch
    alternative Fakten
ich bin John Paul
    und George und Ringo
das sind die Beatles
    na also Bingo
ich bin die Beatles
    ich hab's behauptet
alles war falsch
    was ihr bisher glaubtet
Tatsachen liebe ich
    vor allem die weiblichen nackten
ich mach mir meine Welt
    so wie sie mir gefällt
aus alternativen Fakten
    die Ecken im Weißen Haus schleif ich rund
und nenn es Villa Kunterbunt
    weil er es kann leckt sich der Hund
ich bin die Beatles
    und Michael Jackson

denn ich kann zaubern
    und ich kann hexen
Europa liegt in Afrika
    irgendwo bei Schweden
ich kenne jeden Kontinent
    also beinah jeden
so viel Probleme
    die ich nicht mag
ich lös sie alle
    an einem Tag
später wird man von uns sagen:
    Sie waren die die's packten
und wer nicht will wie ich so will
    kommt in den Gulli in den Müll
zu den bisherigen Fakten
    backe backe Kuchen
laß die Mexikaner fluchen
    laß die Islamisten meckern
klotzen heißt es und nicht kleckern
    Marmor Stein und Eisen bricht
aber meine Mauer nicht
    ich bin die Beatles
und Adolf H
    palim palim
tatütata
    wie wohl mir diese Jacke tut
sie ist so weiß sie steht mir gut
    sie paßt zu meinem Weißen Haus

ich zieh sie gar nicht wieder aus
    ich trag sie alle Stunden
die Arme zugebunden
    ich bin die Beatles
und nicht nur vier
    zehntausend Beatles
glaubt es mir
    großes Indianerehrenwort

20.02.2017

## ÜBER DEN SCHATTEN

Eines Tages kam das Kind zum Vater und schlug ihm mitten und mit voller Kraft ins Gesicht.

Das schmerzte den Vater sehr. Doch er war dankbar dafür. Das Kind – gleichgültig ob Junge oder Mädchen – hatte begriffen, daß sich der Vater für es interessierte. Daß er sich Sorgen machte. Sich kümmerte. Endlich. Und sich nicht länger aus allem heraushalten wollte, geleitet von der panischen Furcht, vom Kind nicht gemocht zu werden. Wenn zuweilen auch unangenehme Dinge gesagt würden, die schließlich gesagt werden mußten. Wozu sich der Vater nunmehr durchgerungen hatte.

Was ihm sehr schwergefallen war, weil er das Kind ja liebte. Und jawohl: Er hatte das Kind gegen sich aufgebracht. Er war über seinen Schatten gesprungen. Er wollte nicht nur für nett gehalten werden, weil er sich nirgendwo einmischte. Alles laufen ließ. Vor allem, was ein heißes Eisen sein oder werden konnte, die Augen verschloß. Er wollte geliebt werden. Mit allen Schmerzen, die das mit sich bringt. Für ihn. Und für das Kind.

Und so trug er den Schlag des Kindes. Stolz trug er ihn. Bis er nach und nach auf seiner Haut abkühlte und verblaßte. Und gleichzeitig bekam sein reichlich wässrig und fadenscheinig gewordener Schatten seine tiefe schwarze Farbe zurück, in der das Kind von nun an Schutz suchen konnte.

06.02.2017

## TOTENSCHÄDEL

Totenschädel können sehen. Und Gottesdienste kann ich mir nur noch im Fernsehen ansehen. Real sind sie mir zu unansehnlich. Totenschädel sehen mich an im Traum. Und Gottesdienste sind wie ein Traum, in dem mich der liebe Gott ansieht wie ein Totenschädel mit den tiefen schwarzen Höhlen, wo einmal die Augen waren.

Das Fernsehen ist ein einäugiger Blinder, der mir die Wahrheit vorenthält. Wie der Gottesdienst. Das Fernsehen zeigt mir jede Menge Totenschädel, aber keinen Gott. Das Fernsehen verbirgt hinter dem, was es zeigt, tiefe schwarze Höhlen des Nihilismus. Aber der Gottesdienst verbirgt, was er zeigt. Dahinter ist nichts. Schon gar kein Gott. Nicht einmal ein Totenschädel.

Totenschädel können auch sprechen. Da bin ich ganz sicher. Sie tun es aber nicht. Das Fernsehen kann nicht sprechen. Aber es redet. Unablässig quellen Wörter aus dem Fernsehen, die nichts sagen. Und vor dem Fernseher sitzen Totenschädel, die nicht hören können. Hören können sie tatsächlich nicht. Aber schweigen. Sehen können sie. Sehen müssen sie sogar, denn ihre tiefen schwarzen Höhlen, wo einmal die Augen waren, lassen sich nicht schließen.

Und so sehen Totenschädel auch die Gottesdienste im Fernsehen am Sonntagvormittag. Nur Gott können sie nicht sehen. Weil er nicht zu sehen ist im Gottesdienst. Aber mich können sie sehen. Und sie sehen mich an. Im Traum.

12.03.2017

# KOPF AUS GLAS

Tag für Tag
    Stunde für Stunde
Minute für Minute Sekunde für Sekunde
    verschwinden Dinge
verschwinden Menschen aus deinem Gesichtskreis
    Dinge die du benutzt hast
Menschen die du gekannt hast
    und umgekehrt

jawohl umgekehrt auch
    gekannte Dinge und benutzte Menschen
sie sind einfach nicht mehr da
    von einem Moment auf den anderen
weg
    ausgelöscht
nicht mehr vorhanden
    und die Wörter die diese Dinge bezeichnen
und die Wörter die diese Menschen mit Namen versehen
    verschwinden ebenfalls
in einem unaufhörlichen Strudel des Vergessens
    da ist ein Leck in der Welt
das nicht zu stopfen ist
    ein Leck durch das das eisige schwarze Wasser
des Todes einströmt
    bis die Welt in ihm untergeht
diese Welt
    die ja die einzige Welt ist die es gibt
für dich
    wenn dein Kopf aus Glas wäre
könntest du im Spiegel sehen
wie der Pegel des eisigen schwarzen Wassers in ihm
steigt
    langsam
unablässig
    vom Kinn über die Lippen
über die Nase über die Augen
    über die Stirn bis unter die Schädeldecke

die Dinge ertrinken in deinem Kopf
    die Menschen ertrinken in deinem Kopf
die Wörter ertrinken in deinem Kopf
    und als letztes
als allerletztes ertrinkt das Ding der Mensch das Wort
    ICH
und du könntest das beobachten
    stell dir das vor
wenn dein Kopf aus Glas wäre
    wenn er aus Glas wäre
dein Kopf
    aus Glas
dein Kopf
    aus Glas

27.03.2017

# BARTELS NOTIZEN

Bartel macht sich Notizen. Über Dinge, die er tun soll. Dann legt er die Notizen fein säuberlich auf einen Stapel und tut andere Dinge. Gelegentlich betrachtet er den Notizenstapel. Und beläßt es dabei.

Bartel ist Realist. Zumindest in dieser Hinsicht. Die Notizen verkörpern sein Gewissen. Und das, was er tut, ist die Verkörperung seines Lebens. Das Gewissen ist das eine.

Und das Leben ist das andere. Und Bartel ist der Ansicht, daß das so in Ordnung ist.

Wenigstens einigermaßen so in Ordnung, wie etwa zu selten zum Frisör zu gehen, um noch ein bißchen von langen Haaren zu träumen im fortgeschrittenen Alter. So in Ordnung, wie sonntags beim Frühstückskaffee die Adoption eines Flüchtlingskindes in Erwägung zu ziehen. Mit immerhin der gleichen Ernsthaftigkeit, mit der er sich Notizen macht. Und Bartel macht sich häufig Notizen. Jeden Tag. Soweit ihm die Dinge, die er tut, Zeit dazu lassen.

Bartel hat irgendwo gelesen, die Juden seien der Auffassung, daß der wirkliche, der vollständige Name Gottes aus allen Wörtern, die es gibt, für alle Dinge, die es gibt, bestehen müßte. Weswegen man ihn nicht aussprechen kann. Vom Sollen mal ganz abgesehen: Dieser Gedanke gefällt ihm. Und er erinnert ihn auf irgendeine Art und Weise – die er sich nicht genau erklären kann – an seine Notizen.

Manchmal empfindet Bartel momenthafte Wärmeschübe von Glück. Einen plötzlichen, unerwarteten Lichteinfall, der die Dinge und das Denken gleichzeitig zum Leuchten bringt. In einem Fernsehkrimi sagt ein noch nicht überführter Mörder: „Wenn das Töten aufhört auf der Welt, ziehe ich mich zurück in meinen kleinen Garten. Ich habe ein paar Rosen. Weiße." Und lächelt.

Und Bartel lächelt auch und denkt sich: „Das soll er tun, der Mörder." Und notiert sich das.

28.03.2017

# DIE BARFÜSSLER

Auf dem Planeten der Barfüßler ist es tagsüber immer sehr heiß. So heiß, daß man das Ticken des Sekundenzeigers der Sonne hören kann. So heiß, daß im Inneren des Planeten das Magma-Eis schmilzt und kocht. So heiß, daß die Barfüßler nirgendwo den Boden betreten können.

Durch diese Laune der Natur wurden sie dazu gezwungen, fliegen zu lernen. Also fliegen sie tagsüber kreuz und quer herum und verrichten ihre Angelegenheiten allesamt in der Luft. Nachts, wenn es kühl ist, könnten sie gehen. Aber dazu haben sie keine Lust mehr und sind auch dabei, es zu verlernen. Nachts schlafen sie lieber, mit Träumen voller Vogelnamen.

Merkwürdige Leute, diese Barfüßler.

12.05.2017

# DER LAMPENSCHIRM

Das eigentlich Besondere an Aladins Wunderlampe ist ihr Schirm. Ihm wurde bisher viel zu wenig Beachtung geschenkt. Wenn Aladin seine Lampe einschaltet, spannt sich der Schirm von selber auf. Ist der Geist zu Hause, beginnt es dann zu regnen, aber meistens ist er nicht da. Aladin wohnt bekanntlich in einer trockenen, geradezu dürren Gegend. So betrachtet, ist der Schirm, der Regen bringen kann, genau genommen wichtiger und interessanter als der Geist, der alte unzuverlässige Herumtreiber.

Der Schirm ist der wahre Schlüssel zu Aladins Geheimnis. Eine große schwedische, aber mittlerweile multinational wie die Mafia operierende Möbelkette hat das begriffen und eine preisgünstige, für jedermann erschwingliche Wunderlampe samt Schirm in ihre Kollektion aufgenommen. Sie trägt den peinlichen, völlig unangemessenen Produktnamen ALDI. Wir leben in schrecklichen Zeiten. Geistlosen.

12.05.2017

## DIE GEMEINHEIT DER BÜCHER

Im Frühling und im Sommer ist es viel schöner als im Herbst und im Winter. Im Frühling und im Sommer kann man den ganzen Tag über die Terrassentür offen lassen, sodaß nicht nur der Hund nach Belieben von drinnen nach draußen und von draußen nach drinnen wechseln kann, sondern auch und vor allem die Bücher.

Sie hüpfen aus den Regalen und hinken aufgeklappt, mit dem Rücken nach oben, ins Freie. Dort legen sie sich, ihr Rücken zeigt jetzt nach unten, auf die warmen Steine und lassen sich wohlig vom lauen Wind hin und her blättern.

Dies erzeugt ein Geräusch, das die Blätter an den Bäumen so neidisch macht, daß sie inständig davon träumen, jemand käme und fällte ihre Stämme, damit Buchpapier daraus gemacht werde. Hin und her blättert der Wind in den sich genüsslich in der Sonne räkelnden Büchern. Wenn man genau hinlauscht, kann man hören, wie sie spöttisch kichern, weil sie sich über die Blätter an den Bäumen lustig machen.

Im Herbst und im Winter ist alles still. Die Bäume tragen keine Blätter mehr und die Bücher bleiben in den Regalen, weil es ihnen zu kalt ist draußen.

Bücher können ganz schön gemein sein. Und überheblich. Aber Vorsicht, Freunde der Sonne. Ich kann auch anders. Indem ich euch nicht lese. Dann wird das Regal zum Kasernenhof, wo ihr stocksteif dastehen müßt in Reih und Glied und euch nicht rühren dürft. So ein Herbst und so ein Winter können ganz schön lang werden. Hochmut kommt vor dem Fall.

12.05.2017

## DEUTSCHE WURZELN

Stellen wir uns einen Raum vor, in dem sich nichts befindet als rauschender Beifall. Deutsche Wurzeln. Ein paar Maulwürfe und die Stimme der Vernunft, die stumm ist. Die stumme Stimme der Vernunft.

Und stellen wir uns jetzt vor, man könnte diesen Raum nehmen wie einen Würfel, und man würfelt mit ihm. Was käme wohl dabei heraus?

Ich behaupte: Ein paar vereinzelte Rufe in sorbischer polnischer tschechischer Sprache. Der Schatten eines Verdachts. Die nach wie vor stumme Stimme der Vernunft. Und natürlich die Maulwürfe, leicht gehirnerschüttert und druckerschwärzeschwarz.

Wer will mir denn das Gegenteil beweisen? Daß man mit Räumen nicht würfeln kann ist klar. Aber ich habe deutsche Wurzeln.

Das darf ich nicht vergessen.

13.05.2017

## SCHÖNE GRÜSSE VOM SCHICKSAL

Besten Tag. Ich vertrete hier das Schicksal. Das Schicksal ist leider verhindert. Ich bin einer der vielen Väter des Erfolgs, dem er dann gar nicht ähnlich sieht, weil die Mutter ja künstlich befruchtet wurde von Gott weiß wem. Ich leite also die heutige Sitzung. Machen Sie es sich so unbequem wie gerade noch erträglich. Ich brauche nicht viel. Ich stelle keine großen Ansprüche. Hier ragen ja überall Knochen aus dem Sand. Spannen Sie mir zwischen vieren ein Stück Stoff. Das reicht mir dann als Hängematte.

Unser Thema heute: „Warum leben derzeit mehr Menschen auf der Welt als in der gesamten Menschheitsgeschichte zuvor, und wie kann man das ändern?" Bitte bedenken Sie, bevor Sie sich vorschnell eine Meinung bilden und lauter leere Zettel abgeben, daß ich hier immerhin das Schicksal vertrete und ihm Rechenschaft schuldig bin über die hier geleistete humanistische Arbeit. Über die hier vertretenen Ansichten. Und über die empörend hohe Anzahl der hier gestohlenen Tafelschwämme und Kreidestückchen.

Sie werden sicher verstehen, daß ich am Ende nicht als einziger Vater des Mißerfolgs vor meinen höchsten Richter treten möchte. Ich würde Sie dann in Mithaftung nehmen. Ich sähe mich gezwungen, den Druck nach unten weiterzugeben. So läuft das nun mal. Also denken Sie bitte gründlich nach. Und lassen Sie mich hier nicht in diesem stinkenden Regen stehen, der Blutflecken hinterläßt, schlimmer als Rotwein.

Also auf die Plätze. Auf die Liebe. Auf Ihr Wohl. Ich soll Ihnen übrigens schöne Grüße vom Schicksal bestellen. Schöne zwiespältige Grüße.

13.05.2017

# SORGEN UM IHN

Es gibt Augenblicke – nicht viele, aber einer davon ist schon mehr als genug –, wo ich mich nicht mehr kenne. Wo ich nicht mehr weiß, wer das ist in meiner Haut. Die Zeit bleibt stehen in den Augen bewaffneter Hunde. Ein Salzkorn gefriert auf meiner Stirn. Ein undefinierbarer Ton, so ähnlich wie ein gesungenes hohles „O", dröhnt durch die gebohnerten Korridore der Scham. Und ich betrachte meine Frau. Und ich betrachte alle, die ich weniger gut kenne. Und weiß überhaupt nicht mehr, was es noch zu sagen gäbe. Nicht ein einziges Wort. Das Herz pocht schneller. Die Brust wird hart. Der Atem wird verstockt und böse wie ein uneinsichtiges Kind.

In diesen Augenblicken geht ein tiefer Riß durch die Welt und durch das, was eben noch Ich war und jetzt ein ausdrucksloser Klumpen Panik ist, in dem sich langsam dann doch ein einziger Gedanke formt: Jetzt gerade stirbt Gott.

Zugegeben: Diese Augenblicke vergehen wieder, so unerklärlich, wie sie gekommen sind. Aber seitdem sie zum ersten Mal stattgefunden haben, kann ich mir nicht helfen. Mache ich mir Sorgen. Um ihn.

14.05.2017

# DIE FALSCHEN HÄNDE

Aus einer Laune heraus
    ließ mich Pandora den berüchtigten
Inhalt ihrer Büchse sehen:
    Ein trockener Husten
ein erloschenes Interesse
    ein zerbrochener Bleistift
etwas aus den Augen Verlorenes
    und eine Handvoll Tropfen
eines ausgeschütteten Bades

Mehr habe ich nicht sagte Pandora
    also wozu
die ganze Aufregung

Zugegeben sagte ich
    das ist nicht viel

aber wehe wenn
    es in die falschen Hände
gerät

14.05.2017

# VOM LEBEN

Ich möchte doch, scheint mir, gar nicht viel vom Leben. Einen leichten Fuß. Einen Stein, von meinem Enkel bunt bemalt, mit meinem Namen drauf. Eine Pistolenkugel, von mir geradeaus geschossen, die einmal die Erde umfliegt, und ich fange sie mit einer geschickt verrenkten Handbewegung, ehe sie in meinen Rücken eindringt. Und dann lege ich sie behutsam in meine Blutdruckpillendose. Eine äsopische Begabung fürs Fabelhafte. Die Gelassenheit meines Hundes. Eine Eintrittskarte in eine andere Geschichte der Menschheit. Ausgeprägte Unfähigkeit, traurig zu sein und böse, was beinah dasselbe ist. Also Daseinsfreude und eine tiefe Einverstandenheit mit dem, was noch kommen muß, weil es uns verheißen ist.

Da es so, wie es ist, nie mehr werden darf. Wir haben uns schändlich daran gewöhnt, daß die Verluste furchtbar sind. An allen Fronten und auf allen Seiten, innerlich und äußerlich. Schafgarbe und Shinto-Tempel. Plastikspielzeugstrudel im Pazifik. Botenstoffe im Hypothalamus. Alles aus. Alles vorbei. Alles hin. Alles weg.

Der Zernichtung die Stirn bieten, Sorgenfalte für Sorgenfalte, das will ich. Und eine kleine stille Blume Licht. Und eine hohle Hand voller Ja-Murmeln. Und eine gütige Sonne unter deiner Haut und meiner.

Mehr will ich doch gar nicht vom Leben. Ist denn das zu viel verlangt?

14.05.2017

# LEBEN UND STERBEN

Ich lasse mein Haus renovieren
    es gefiel mir lange schon zu gut
so wie es war

Zimmer für Zimmer
    eins nach dem andern

Ist ein Raum fertig
    betrete ich ihn nicht mehr

Man zeigt mir Photos von ihnen
    ich schaue sie an
und verbrenne sie dann

Wenn die Arbeit abgeschlossen ist
    schließe ich von außen ab

Ich werde weggehen
    weit weg von hier

Verhüllen sollte man das Haus
    mit einem weißen
Laken

Darum werde ich mich kümmern
    ich werde das in Auftrag geben

Wenn ich dort ankomme
    wo ich hingehe

Zwei Enten haben wir seit kurzem
    in den zwei Teichen
im Garten

17.05.2017

# ANSTALTSLEITER RICHTER

„Sehr geehrter Herr, ich bin der Anstaltsleiter. Mein Name ist Richter. Fragen Sie nicht: Was für ein Leiter? Fragen Sie nicht: Was für eine Anstalt? Und fragen Sie schon gar nicht: Wieso Richter? Das spielt alles keine Rolle. Außer der, daß es Ihre Phantasie anregen soll und wird.

Ihre Phantasie ist lebhaft. Das ist aktenkundig. Sie wird Bilder produzieren und mit meinem Namen in Beziehung setzen. Ich weiß, daß ich mich auf Ihre Phantasie verlassen kann.

Hiermit eröffne ich Ihnen, daß ich Sie für schuldig befunden habe, eine lebenslängliche Strafe in meiner Anstalt zu verbüßen. Fragen Sie nicht: Schuldig woran? Fragen Sie nicht: Mit welchem Recht? Überlassen Sie auch das Ihrer Phantasie. Die macht das schon. Und nehmen Sie darüber hinaus einfach zur Kenntnis, daß meine Anstalt so groß ist, so geräumig, so flexibel, daß Sie sich überall, wohin Sie sich auch begeben, innerhalb meiner Anstalt befinden.

Hallo?

Hallo, die Verbindung ist schlecht. Wir wurden unterbrochen. Ich wiederhole mich nicht gern. Ich wiederhole mich nicht gern. Aber ich wiederhole mich immer. Ich wiederhole mich immer, wenn ich unter Streß stehe. Unter Streß.

Hier ist Anstaltsleiter Richter. Ich habe Sie nicht angerufen. Und Sie haben mich auch nicht angerufen. Ich kenne Ihren Namen überhaupt nicht, sehr geehrter Herr. Aber dieses Gespräch hat stattgefunden. Jawohl, es hat stattgefunden. Auch wenn der Beweis dafür nur darin besteht, daß Sie sich daran erinnern werden. Jeden Tag des Restes Ihres Lebens.

Wenn Sie jetzt auflegen, beweist das gar nichts, denn Sie hatten ja gar nicht abgenommen.

Ich auch nicht, Herr Richter.

Hallo?

Hier auch Richter.

Hallo!“

18.05.2017

# ICH VERTRAU DIR

Wieg mich in Sicherheit
ich vertrau dir
wieg mich in Sicherheit
ich vertrau dir ich vertrau dir
eine Träne läuft ganz langsam
über meine linke Wange
es geht alles seinen Gang und
mir ist überhaupt nicht bange
wieg mich in Sicherheit
ich vertrau dir ich vertrau dir
ich vertraue nur dir
du weißt alles von mir
ich liege nackt vor dir im Staub
so wie ein offenes Buch
dereinst bedeckst du mich mit Laub
mit einem Leichentuch
ich gebe mich dir restlos hin
behalte nichts zurück
nur du allein weißt was ich bin
durchschaust mich Stück für Stück
ich spüre diese kranke Lust
sie drückt mich wie ein Bleigewicht
schon vorher habe ich gewußt
ein gutes Ende gibt es nicht
für mich durch dich für dich durch mich
wieg mich in Sicherheit wieg mich in Sicherheit

ich vertrau dir ich vertrau dir
    vertrauen durchschauen enttäuschen
das ist nichts als eine Folge von Geräuschen
    das hat gar nichts überhaupt nichts zu bedeuten
weder dir noch mir noch allen andern Leuten
    ich mache dich zum Herrn im Haus
ich lief're mich dir völlig aus
    vertraue mich dir gänzlich an
viel mehr noch als man sagen kann
    ich fühle mich so warm bei dir
du nimmst den Dolch und zeigst ihn mir
    dann rammst du ihn in meine Brust
das hab ich immer schon gewußt
    ich sah es kommen endlich dann
ich ahnte nur nicht wie und wann
    ich sehnte mich nach diesem Schmerz
das Messer penetriert mein Herz
    verscharr mein Bild und lösch mich aus
und mach dir bitte nichts daraus
    laß es dir nicht den Tag verderben
so wollte ich ja immer sterben
    wieg mich in Sicherheit
ich vertrau dir ich vertrau dir
    mein Mund ist voller Asche
meine Augen sind rostige Münzen
    einer längst nicht mehr gültigen Währung
und ich lebe nur für diesen deinen Moment
    der Schwäche

wenn du mir meinen Wunsch vollstreckst
    erst zärtlich an der Klinge leckst
sie dann mit meinem Fleisch vereinigst
    und mich für immer von mir reinigst
ich vertrau dir
    ich vertrau dir
wieg mich
    wieg mich
ich vertrau dir

05.06.2017

# IMMER ALLEIN

Mach nicht auf wenn es klopft
    halt dich fern von der Tür
und die Ohren dir zu
    man weiß nicht wer man ist
wenn man öffnet

Man könnte der sein
    der draußen steht
oder noch schlimmer
    man könnte auch der sein
der schon drinnen war

Oder man ist ein ganz ganz anderer
    und hat mit dem Klopfen nichts zu tun
und hat mit dem Öffnen nichts zu schaffen
    man hebt lächelnd beide Hände
wie ein Fußballspieler der sein Foul leugnet

Aber das wäre zu schön
    um möglich zu sein
man ist immer der der klopft
    oder der der aufmacht
oder nicht aufmacht

Es sei denn
    man ist in der Hölle
da gibt es keine Tür
    da stellt sich diese Frage nicht
da ist man immer allein

Allein
    allein
allein
    allein
allein

14.06.2017

# IN DEN HIMMEL

Es gibt Leute, die haben beim Bezahlen immer die genaue Summe zur Hand. Exakt bis auf den letzten krummen Cent, weil sie der Kassiererin die Mühe des Herausgebens ersparen wollen. Und es gibt Leute, die retten nicht nur jedes klitzekleinste Insekt vor dem Zertretenwerden, die haben sogar Mitleid mit den Dingen. Die haben ein Mitleid, das so groß ist wie ein Schwimmbecken. Ach, was sage ich, so groß wie zehn Logistikzentren in einem Gewerbegebiet. Die können es nicht ertragen, wenn irgendwo ein einzelnes Stück Würfelzucker herumliegt. Sie müssen es in den Mund stecken und auflutschen. Auch wenn sie eigentlich abnehmen wollen. Und es gibt Leute, die lassen sich von zeternden alten Weibern anschreien, ohne Gegenwehr, wenn ihr leerer Einkaufswagen im Supermarkt direkt neben einem zweiten leeren Einkaufswagen steht und sie nach Meinung der alten Weiber den FALSCHEN leeren Einkaufswagen anfassen und weiterschieben wollen. „Das ist MEINER!“, keifen die idiotischen alten Weiber. Und die Leute sagen nichts als: „Oh, Entschuldigung.“

Und es gibt Leute, die kriegen spontan einen Hautausschlag, wenn sie im Fernsehen einen ehemaligen sozialdemokratischen Kanzler reden hören, der jetzt im Dienst eines russischen Oligarchen Millionen scheffelt und auf einem Parteitag seinen Genossen „Venceremos!“ zuruft. Der Hautausschlag dieser Leute ist rot und juckt und näßt, weil die Leute an die sündhaft teuren kubanischen Zigarren denken müssen, die dieser Ex-Kanzler gerne raucht.

Solche Leute gibt es. Und wissen Sie was? Es ist gut, daß es solche Leute gibt. Denn solche Leute kommen in den Himmel und Gott sei Dank nicht überallhin, wie die bösen Mädchen.

30.06.2017

# FRÜHER WAR ALLES VIEL FRÜHER

Früher war alles viel früher
heute ist alles viel später
früher war man das Opfer der Umstände
heute ist man ihr Täter

Das Klopapier war dicker
die Schauspielerinnen schicker
die Ereignisse weltbewegender
die Bratwürste krebserregender

Die Wünsche hatten noch Omas
heute haben sie Enkel
Berufe hatten Hand und Fuß
der Nachttopf einen Henkel

Samstagnachmittag Badewanne
dann Familienskat
Sportschau Schaubude Tagesschau
Bockwurst Kartoffelsalat

Früher war alles viel früher
heute ist alles viel eher
und wer die Welt nicht mehr versteht
der wird eben Frauenversteher

Vater korrigierte Hefte
was hatten die falsch gemacht
Mutter lebte so glaubhaft Migräne
als wäre sie ausgedacht

Ich ritt auf einer Lanze
und dachte an schamhaftes Haar
von morgens bis zum Abend
sobald ich alleine war

Oma kochte Wirsingkohl
wie ein Kannibale
das schmeckte wie ein Pferdekopf
voller fettiger Aale

Und alles fing von vorne an
und wurde immer mehr
und jetzt ist alles fast als ob
es nie gewesen wär

Früher war alles viel früher
heute wird alles so selten
und kaum noch jemand spielt das Spiel
wo meine Regeln gelten

Ja so ist das nun einmal
sehr verehrte Leute
früher war es damals
und jetzt ist es heute

07.07.2017

## JEDER UND JEDE

Man möchte gerne lieben können
von hier nach da und auch nach dort
die Liebe als ein Wandersport
doch ohne Brücken zu verbrennen

Mal heute die und morgen jenen
und übermorgen dann zurück
zu einem altvertrauten Glück
der Wunsch er schlummert in den Genen

Doch ach! dem stehen Hindernisse
entgegen in diversen Formen
verstaubte Werte steife Normen
de facto auch Gewissensbisse

Weil stets die jeweils Ungeliebten
    sich solchen Wechselspielen sperren
von Undank und Gemeinheit plärren
    sich fühlen wie die Ausgesiebten

Wie heuchlerisch ist dies Getue
    im Bett soll keusche Ordnung herrschen
Geräusche wie von Trauermärschen
    und ein Gefühl von Friedhofsruhe

Wo insgeheim doch jeder (jede)
    sich sehnt nach lautem Lustscharmützel
nach Höhepunkten Nervenkitzel
    gekrönt vom Aufschrei: Alter Schwede!

Ganz ehrlich: Jeder
    und auch jede
gebt zu ihr wißt
    wovon ich rede

08.07.2017

# JUNGE LEUTE

O Wehmut wenn ich junge Leute sehe
   ihr Vorrecht alte Fehler zu begehen
und ihren Hang sich um sich selbst zu drehen
   und ihre Welt die ich nicht mehr verstehe

O Sehnsucht wenn ich junge Leute rieche
   ihr Lockstoff explodiert in meiner Nase
wie unerreichbar duftet die Extase
   so daß ich resigniert zu Kreuze krieche

O Ohnmacht wenn ich junge Leute höre
   mit ihren kruden Codes die ich nicht checke
ein Sound nach dem ich mir die Finger lecke
   ich aber schweige weil ich weiß: Ich störe

O Andacht wenn ich junge Leute spüre
   die Energie in ihrer Atmosphäre
wie gern ich dann ein Teil von ihnen wäre
   und nicht von diesem Leben das ich führe

O Heimweh wenn ich junge Leute fühle
   es kribbelt mich in meinen Fingerkuppen
ich würde mich so gern zurückverpuppen
   doch führt – o weh! – kein Weg zu diesem Ziele

Weswegen ich mich gräme bis ich schiele

08.07.2017

# DAS SPIEL IST VORBEI

Es gibt NICHTS mehr zu tun. Es ist ALLES getan.
Das was da ist zu toppen, es wäre ein Wahn,
und ein leerer zumal und ein hohler dazu,
alle waren schon da. Ganz am Ende kommst du.

Es ist alles gemalt, es ist alles erdacht,
komponiert, modelliert, auf die Bühne gebracht,
es ist alles gefilmt, was sich lohnt zu betrachten,
was du machst, kommt zu spät. Muß man gar nicht
beachten.

Die Romantik ist tot. Die Antike verfault,
Futurismus ist out, die Moderne vergrault,
Renaissance längst vergammelt, Klassizismus passé,
soll ich weiter ...? Nein danke. Denn es tut ja nur weh.

Ja, es schmerzt ganz beschissen, der Letzte zu sein
einer glorreichen Reihe, ungefeiert allein,
und du hast dich ja wirklich bemüht und beeilt,
doch rien ne va plus. Aller Ruhm ist verteilt.

Klar, die Kunst geht noch weiter. Oder nur ihr Betrieb,
viele leben davon und sie haben ihn lieb,
lauter Plagiatoren, und sie leben nicht schlecht
von den Brosamen Dürers, von den Krümeln von
Brecht,

dem Kadaver von Mozart, dem Gerippe von Kant,
der Akropolis, dem was bis gestern noch stand
von den Tempeln im blutigen Reich des IS,
eine Ausschlachtungsorgie. Ein Geierexzeß.

Aber mach dir nichts vor. Denn es ändert nichts dran,
es gibt nichts, was man Neues emporheben kann
aus der Taufe des Geistes in die Sphäre des Lichts,
nichts Subtiles, nichts Großes, kein Werk. Einfach
nichts.

Es gibt NICHTS mehr zu tun. Also spiele das Spiel
nach den üblichen Regeln. Und verlang nicht zu viel,
wenn sie Schreie bejubeln, dann schrei deinen Schrei,
bis der Letzte bemerkt hat: Das Spiel ist vorbei.

14.07.2017

# MITLEID MIT POPKÜNSTLERN

Man soll ja mit Popkünstlern kein Mitleid haben. Das mögen die nämlich gar nicht. Lieber lassen sie sich schrecklich finden und hassen, als Mitleid zu ertragen. Mitleid hat so was Herablassendes. Schon Nietzsche sagte: Mitleid ist die raffinierteste Form von Gemeinheit. Im Allgemeinen halte ich mich daran und finde Popkünstler schrecklich oder hasse sie. Oder finde sie zuweilen sogar gut und liebe sie. Aber in zwei Fällen will es mir einfach nicht gelingen, mir mein Mitleid zu verkneifen.

Der erste Fall ist die Münchener Gruppe Wind. Diese erbarmungswürdigen Kollegen müssen den wirklich blödesten Band-Namen der Welt aushalten, denn immer und überall werden sie angekündigt als DIE GRUPPE WIND. Ist ja auch völlig klar, denn wie würde das sonst klingen bei einer Aufzählung im Fernsehen: Santiano, Howard Carpendale, Andrea Berg und Wind. Das geht doch nun wirklich nicht.

Der zweite Fall ist das Dinosaurierduo Cindy & Bert. Bert ist ja nun schon lange tot. Aber vor ein paar Jahren sah ich in irgendeinem Nest im Osten ein Veranstaltungsplakat: CINDY & BERT (JETZT OHNE BERT). Also, wer bei so was kein Mitleid empfindet, nachdem die Rippenfellentzündung vom Lachkrampf abgeklungen ist, der kann kein Mensch sein.

15.07.2017

# NICHT MEHR ZUSAMMEN

Was man nicht verbinden kann, das bleibt getrennt.
Was man nicht versöhnen kann, das bleibt zerstritten.
Ist doch völlig unerheblich wie man's nennt:
Was man nicht mehr kitten kann, ist nicht zu kitten.

Was nicht reparierbar ist, das bleibt zerstört.
Was nicht diskutierbar ist, wird nicht besprochen.
Wer sich fünf nach zwölf darüber noch empört,
scheitert. Denn er hat den Braten nicht gerochen.

Was nicht ausreicht, ist nun einmal nicht genug.
Was kaputt ist, das wird nie mehr funktionieren.
Was man nicht verbieten kann mit Recht und Fug,
was man nicht verhindern kann, das wird passieren.

Was man nicht mehr ändern kann, das bleibt dann so.
Was man nicht vergessen kann, behält man immer.
Ganz egal ob Darmstadt oder Idaho:
Wer davor davonläuft, macht es nur noch schlimmer.

Was man auf dem Kerbholz hat, ist Ansichtssache.
Was man nicht entscheiden kann,
bleibt unentschieden.
Willig war das Fleisch und billig ist die Rache.
Was man nicht mehr leiden kann, das wird gemieden.

Freude und Entsetzen halten sich die Waage.
Nur wer nie geliebt hat, der bleibt ungeschoren.
Ob sich dann ein Leben lohnt, das ist die Frage.
Was man zu verlieren hat, das wird verloren.

Was man nicht mehr heilen kann, tut weiter weh.
Was man zu bestehen hat, muß man bestehen.
Keine Ahnung, ob ich dich je wiederseh',
doch wenn man zu gehen hat, dann muß man gehen.

24.07.2017

## GEDICHT OHNE MENSCHEN

Korridore die nie enden
eingerahmt von weißen Wänden
in den Wänden schwarze Türen
die zu leeren Räumen führen

Endlos lange Korridore
an den Wänden weiße Rohre
leises Rauschen in den Rohren
von den langen Korridoren

Weiße Wände ohne Ende
in dem Korridorgelände

leere Räume hinter Türen
    die auf Korridore führen

Ohne Anfang Ende Mitte
    Korridore ohne Schritte
schwarze Klinken in den Türen
    die doch nie Bewegung spüren

Leere in den Korridoren
    nur ein Rauschen in den Rohren
fast zu greifen mit den Händen
    hinter Türen hinter Wänden

Auch die Stille wird nie enden
    in den Korridoren Wänden
Stille in den leeren Räumen
    in den Rohren leises Schäumen

Eigentlich ein leises Rauschen
    wollte nur Begriffe tauschen
bißchen Schwung hier reinzubringen
    doch das will mir nicht gelingen

Korridore und auch Wände
    Türen Räume ohne Ende
nirgendwo ein Schluß in Sicht
    außer hier jetzt vom Gedicht

26.07.2017

# THEMENTAGE IN DER KÜCHENSCHLACHT

Am 16. August 2017, dem Todestag von Elvis, der ja bekanntlich gegen Ende seines Lebens Probleme mit zu viel Essen hatte, gab es in der „ZDF-Küchenschlacht" den Thementag „Kochen in der DDR". Frisch nach dem Motto: Hauptsache stark gewürzt, die hatten ja sonst nix. Also ein lustiges folkloristisches Aufmischen angeblich einseitiger Mangelernährung.

Das Thema ist doch ausbaufähig. Wie wäre es zum Beispiel mal mit „Kochen im Dritten Reich – gut Essessen unter Hitler"?

Braune Soße natürlich bei allen Volksgerichten obligatorisch, ist klar. Der Ulf aus Braunschweig macht Götterdämmerungsspeise und Rommelspargel à la Normandie. Die Ute aus Braunlage macht Sandkuchen El Alamein und Fettuccini Mussolini. Der Urs aus Braunau macht Kaltschale Stalingrad und Russische Eier. Der Urban aus Dachau macht rheinländisches Himmler und Äd und Pizza Monte Cassino. Der Utz aus Arnheim macht Remagen und Fallschirmjägerschnitzel Kreta.

Und fürs Studiopublikum gibt's aus dem Wok, also nicht aus dem Wehrmachts Ober Kommando, sondern wirklich aus dem Wok, Nazi Göring bis zum Abwinken mit dem rechten Arm und jede Menge Reichstagsbrandwein.

Ich meine, das wäre doch mal wirklich was für die Küchenschlacht.

An die Töpfe. Fertig. Feuer.

17.08.2017

# ICH UND ICH

Jeder Mensch sagt von sich Ich. Auch ich sage von und zu mir Ich. Deshalb bin ich nach langem Nachdenken zu dem Schluß gekommen, daß ich jeder Mensch bin und jeder Mensch ich ist. Wir spüren das zwar nicht, weil wir alle glauben, daß wir mit unserem jeweiligen Ich allein sind in unserer Haut. Einmalig. Unverwechselbar. Aber es ist in Wirklichkeit ganz anders. Es gibt überhaupt nur ein Ich, und das steckt in jedem und in jeder. Wir sind alle das gleiche Ich. Nur nicht dasselbe. Beziehungsweise irgendwie doch. Das ist sozusagen der kleine Unterschied zwischen uns, der keiner ist. Oder vielleicht sollte ich besser sagen: zwischen Ich und sich.

Das klingt ein bißchen schief, aber vielleicht liegt das nur an der Sprache und nicht an der Sache. Die Sprache ist unzureichend und mehrdeutig. Das Ich ist allumfassend und eindeutig. Es verkörpert sich in Milliarden von Lebewesen, die alle mit dem gleichen Recht Ich sagen. Und ich gebe zu, daß einem, also mir, schwindlig werden könnte bei dem Gedanken, ich könnte auch in allen anderen

Lebewesen enthalten sein, die keine Sprache haben. Die keine Möglichkeit haben, Ich zu sagen oder auch nur zu denken. In allen Tieren in allen Pflanzen und – da stockt einem, also mir, beinahe der Atem – vielleicht sogar in allen Dingen. In allem, was es gibt.

Das ganze All könnte Ich sein. Warum eigentlich nicht? Wenn man das so sieht, lohnt es sich jedenfalls, behutsamer respektvoller und schonender mit Allem und Jedem umzugehen. Was spricht also dagegen, daß ich Alles und Jedes bin? Dann tue ich wenigstens keinem was. Also jedem. Also allem. Also mir.

Was du nicht willst, das man dir tu, das füg auch nicht dir selber zu. Das ist es.

Das ist die Lösung.

17.09.2017

## PROBESARG

Wenn du wissen willst
ob dein Partner dich wirklich liebt
immer noch

Besorg dir einen Probesarg
stell ihn mitten ins Wohnzimmer
leg dich hinein

Und bitte deinen Partner
ihn mal kurz über dir zu schließen
ganz kurz nur

Weil du einfach spüren möchtest
wie sich das anfühlt
da drinnen

Der Deckel geht zu
und genau in diesem Moment
klingelt es an der Haustür

Wenn daraufhin dein Partner
erst mal zur Haustür geht
und mit dem Postboten spricht

Solltest du vielleicht noch keine voreiligen Schlüsse
ziehen
aber deinen Partner wenn er wiederkommt
und den Deckel öffnet

Unter allen Umständen dazu bringen
es auch einmal zu erleben
im Dunkeln

Ja
und wenn er nicht wiederkommt
dein Partner

Dann weißt du immerhin zwei Dinge ganz genau
er liebt dich nicht mehr wirklich und
dies ist kein Probesarg

17.09.2017

# STERBEN IST NUR EIN KURZES BLINZELN

Ein Fußgänger kommt Herrn Holzauge entgegen und lüftet seinen Hut. Herr Holzauge steckt sich die Finger der rechten Hand in den Mund und summt die Marseillaise. Eine junge Frau liegt neben Herrn Holzauge in einem Hotelbett. Sie sagt: „Wie komme ich eigentlich dazu?" Herr Holzauge denkt über ein Schachproblem nach und sagt: „Bei schlechtem Wetter irrt sich die Voraussage nie."

In einer Kaffeetasse schwimmt ein Fußnagel. Frau Marotzke leidet seit einer Woche unter Verstopfung. Die Nachrichten aus dem Nahen Osten lassen nichts Gutes erwarten. Aber das hat alles nichts mit Herrn Holzauge zu tun.

Aus einem Autoradio in einem menschenleeren Parkhaus ertönt die „Tatort"-Titelmelodie. Ein Fußballspieler namens Müller steckt in einer Formkrise. Herr Holzauge verfügt über ein ausgezeichnetes Stimmengedächtnis. Fußballspieler namens Müller gibt es vermutlich viele.

Frauen namens Marotzke vermutlich schon weniger. Herrn Holzauge gibt es nur einmal. Beziehungsweise eigentlich gar nicht.

Mitten in der Nacht sitzt in einer Wohnung ohne eingeschaltete Lampen ein Mann im Wohnzimmer auf dem Sofa. Er könnte schlafen. Aber er will nicht. Ob es sich um Herrn Holzauge handelt, kann man im Dunkeln nicht sagen.

Ein Kriminalhauptkommissar geht einem anonymen Hinweis nach. Entgegen heutiger Gepflogenheiten trägt er meistens einen Hut. Frau Marotzke betritt ein ansonsten menschenleeres Parkhaus. Herr Holzauge fühlt sich in Parkhäusern immer wie in einem Film.

Der Mann in der dunklen Wohnung sitzt seit Stunden vollkommen regungslos. In einer Kaffeetasse hört man das Hallen von Schritten. Herr Holzauge ist ein großer Verehrer der Freiheit. Am meisten schätzt er die dichterische.

Nach und nach klärt sich alles auf. Es besteht kein Grund zur Beunruhigung. Es gab einen Zustand der Ordnung. Dann gab es einen Zwischenfall der Unordnung. Aber der Zustand der Ordnung wird umgehend wiederhergestellt. Sterben ist nur ein kurzes Blinzeln. Davor und danach ist Sehen. Der Fußballspieler Müller war zu Unrecht in Verdacht geraten.

Frau Marotzke ist in Wahrheit eine Kaffeetasse. Herrn Holzauge gibt es überhaupt nicht. Und der Täter war der Kriminalhauptkommissar.

24.09.2017

# HEFTE RAUS UND KLASSENARBEIT

Hinter meinem Rücken wird meine Sache verhandelt. Mea res agitur. Keiner sieht mir in die Augen, wenn ich ihn anschaue. Alle fangen an zu flüstern, wenn ich den Raum betrete, oder werden stumm. Selbst mein Hund blickt betreten zu Boden und dreht sich weg, wenn ich versuche, ihn zu streicheln. Auch außerhalb der Wohnung verstörende Bilder: Der Gärtner auf dem Nachbargrundstück antwortet nicht auf meinen Gruß. Die Kanzlerin auf dem Wahlplakat hat ausgestochene Augen. Der Briefkasten an der Straßenecke brennt. Und auf der Hauptstraße hat sich ein Stau aus lauter Krankenwagen gebildet.

Was ist geschehen? Es sieht aus, als hätte sich die ganze Welt verschworen, in mir den Kleinen Mann zu sehen, der an allem schuld ist. Der alles zu verantworten hat. Der unbelehrbar ist. Ungebildet. Ewig gestrig. Starrsinnig. Provinziell. Der Mann aus dem Mittelwesten. Oder der ostdeutsche Mann. Weiß. Fremdenfeindlich. Frauenfeindlich. Homophob. Islamophob. Phobophob.

HALLO? Ich bin kein Schmollwerk der Antidemokratie. Ich halte Trump nicht für eine Trumpfkarte. Ich will kein Land zurück, das es nie gegeben hat. Und schon gar keins, das es nie hätte geben dürfen. Ich will nur in Ruhe und Frieden leben. Ich mache mir Sorgen und ich will, daß sie ernst genommen werden. Ich gäre nicht in Gaulands Haufen, und ich gehe nicht mit Petry Fischen. Ich will

Flüchtlingen helfen, die in Not sind, aber ich will, daß das alle tun, denen es gut geht. Und das sind viele. Denn ich will nicht mit diesem Problem so dermaßen alleingelassen werden, daß es darüber zu einem Bürgerkrieg in diesem Land kommt und wir dann keinem mehr, nicht mal uns selber, helfen können.

Ja, es gibt eine politische Klasse in diesem Land, und die ist ziemlich abgehoben. Also, Herrschaften, ich bin nicht der Sündenbock für alles. Ihr habt die Wahl: Entweder führen böse neue Lehrer bald wieder die Prügelstrafe ein. Oder Hefte raus und Klassenarbeit.

27.09.2017

# MUTTER OHNE NASE

Sie war eine alleinerziehende Mutter ohne Nase. Wo andere eine Nase im Gesicht haben, war bei ihr nur ein Loch. Denn sie hatte sich, als ihr Kind nicht schlafen konnte, weil es jammerte, unter dem Bett sei ein Monster, auf den Fußboden gelegt und nachgesehen.

Es war da.

Hätte sie in einer festen, immer noch handelsüblichen Partnerschaft gelebt, hätte vermutlich ihr Mann diese Aufgabe übernommen, eine dementsprechende Einbuße erlitten und wäre nun an ihrer statt dauerhaft entstellt.

Der Unterschied ist nur: Sie hätte darüber hinweggesehen bei ihm. Sie wäre damit klargekommen. Sie hätte mit der Erkenntnis leben können, daß es keine Märchen gibt. Denn bei Männern kommt es ja bekanntlich nicht so an auf Äußerlichkeiten.

07.10.2017

## HERR BUNDESKANZLERIN

Herr Bundeskanzlerin Herr Bundeskanzlerin
das Wasser steigt immer weiter

In jedem Pegelstand steckt eine Chance
also steigen wir auf eine Leiter

Herr Bundeskanzlerin Herr Bundeskanzlerin
ist das jetzt die Sintflut die zweite

Es war abgemacht daß die erst NACH uns kommt
und auf gar keinen Fall schon heute

Herr Bundeskanzlerin Herr Bundeskanzlerin
wie kann man das Wasser bekämpfen

Es wird immer meine vornehmste Aufgabe sein
Erwartungen zu dämpfen

Herr Bundeskanzlerin Herr Bundeskanzlerin
    das Wasser steht hoch bis zum Hals

Na dann ist der zumindest ja endlich mal wieder
    gewaschen jedenfalls

Herr Bundeskanzlerin Herr Bundeskanzlerin
    es gießt und es hört nicht mehr auf

Dafür fällt woanders kein einziger Tropfen
    verlassen Sie sich darauf

Herr Bundeskanzlerin Herr Bundeskanzlerin
    was hilft uns denn diese Erkenntnis

Ich muß im großen Zusammenhang denken
    bitte haben Sie dafür Verständnis

Herr Bundeskanzlerin Herr Bundeskanzlerin
    nur noch Arme die Menschen ertrinken

Ihnen fehlt das richtige Augenmaß
    ich sehe nur fröhliches Winken

Herr Bundeskanzlerin Herr Bundeskanzlerin
    was rettet uns noch vor dem Ende

Es geht hier nicht um Obergrenzen beliebiger Wasser-
stände
    die Meere müssen wir trockenschöpfen
wozu haben wir schließlich Hände

Herr Bundeskanzlerin
    wir danken für
blupp

15.10.2017

# AUFWACHEN – EINSCHLAFEN – AUFWACHEN

Irgendwann wachst du auf, obwohl du gar nicht geschlafen hattest. So eine Art zweites Aufwachen. Oder Wiedergeburt light. Reibst dir die Augen und stellst schockiert fest: Du mußt dein Leben ja tatsächlich selber machen. Keiner hilft dir. Keiner nimmt dir das ab.

Und dein Vater und deine Mutter nehmen schon gar nicht ab, wenn du versuchst, sie anzurufen, denn sie sind beide schon lange Staub in der Büchse.

Ach du Scheiße! Und du selbst bist mittlerweile auch alles andere als jung. Du bist schon regelrecht alt. Und wenn du anderen Leuten von diesem Aufwachgefühl erzählen würdest, würden sie es nicht fassen können, weil sie dich schon unendlich lange für erwachsen halten. Für reif und für vernünftig und für abgeklärt. Und weil sie eher einen Rat von dir erwarten würden, als sich in der Lage zu sehen, dir einen zu geben.

Und weil sie die Vorstellung gruselt, daß nicht mal du mit deiner angeblich langen Lebenserfahrung weißt, wie es geht, blicken sie bei diesem Gedanken in einen Abgrund des Grauens. Und es packt sie die Angst. Die Angst vor deiner Ratlosigkeit. Und die Angst davor, daß sie selber auch mal so ratlos sein könnten wie du.

Kein fester Boden unter den sportbeschuhten Füßen. Nur Treibsand. Nur dünnes Eis. Und das in Zeiten wie diesen, wo zweibeinige Bestien wie Ratten aus den Löchern kriechen und uns überschütten mit ihren Haßgedanken.

Mit jedem kleinen oder großen Wahlerfolg wird der Marktplatz riesiger, auf dem sie ihre vergifteten Unsäglichkeiten herausschreien können. Und uns damit in einen Abwehrkampf gegen die Bestialität drängen, in dem wir ständig beteuern müssen: NEIN, es ist NICHT so, wie ihr Bestien krakeelt.

Die Forschung hat längst herausgefunden, daß der Mensch keine Verneinung denken kann. Der Mensch kann sich nicht „kein Erdbeereis" vorstellen, sondern nur Erdbeereis.

Das bleibt hängen.

Das bleibt haften.

Das bleibt kleben.

Nicht an die Bestien denken hilft also nichts. Wir müssen an sie denken. Wir müssen sie im Auge behalten. Wir müssen sie bekämpfen.

Sonst wachst du irgendwann auf und du hattest tatsächlich geschlafen. Und stellst fest: Jetzt bist du hellwach.

In einem Albtraum.

18.10.2017

## SCHLIMME DINGE

Wenn man schlimme Dinge nicht ausspricht, passieren sie vielleicht nicht. Und wenn doch, liegt es zumindest nicht daran, daß man sie ausgesprochen hat. Das ist die Macht und die Ohnmacht des Wortes.

Das Aussprechen schlimmer Dinge ist wie das Wecken schlafender Hunde. Das sollte man tunlichst bleiben lassen. Wenn die Hunde scharfe Zähne und lange nichts gegessen haben freilich. Manchmal wachen sie auch von alleine auf. Da kann man nichts machen. Pech gehabt.

Wenn man schlimme Dinge ausspricht, und sie passieren dann tatsächlich, hat man nach dem Elend nur den schwachen Trost zu sagen: Ich hab's doch gleich gesagt. Wenn man aber schlimme Dinge nicht ausspricht, und sie passieren nicht, kann man den lieben langen Tag durch die Gegend stolzieren, grinsen und sich denken: Na bitte!

Also lieber ein Blatt vor den Mund nehmen als keine Rücksicht. Lieber den Finger hinter dem Berg halten als in die Wunde legen. Denn da, wo Reden Schweigen ist, ist Silber auch Gold.

Das klingt verrückt. Ist aber wohl wahrscheinlicher, als daß schlimme Dinge nicht passieren, die man ausspricht. Und wenn sie passieren, ohne daß man sie ausgesprochen hat, kann einem wenigstens keiner nachweisen, daß man überhaupt von ihnen gewußt hat.

Erscheint man also schuldlos, zumindest vor anderen. Wenn auch nicht vor sich selbst, wenn man ehrlich ist.

Und manche schlimmen Dinge kann man gar nicht aussprechen. Den Tod zum Beispiel. Über ihn kann man sprechen. Aber ihn aussprechen kann man nicht. Ob der Tod uns aussprechen kann, wissen wir nicht. Vielleicht dauert unser Leben genau so lang, wie er braucht, um unseren Namen zu buchstabieren. Aber er schweigt. Er spricht uns nicht aus. Und er spricht sich selber nicht aus. Lasset uns hoffen, daß das bedeutet, daß dann vielleicht doch weder wir noch er schlimme Dinge sind.

19.10.2017

# TÄTIGKEITSBERICHT

Was ich weiß hat keine Bedeutung
　　was ich will geht nicht in Erfüllung
was ich glaube geht keinen was an
　　was ich hoffe ist nicht auszudenken
was ich fürchte gestehe ich mir nicht ein
　　was ich vermute trifft selten zu
was ich arbeite ist schwer zu erklären
　　was ich bewirke bleibt jedem überlassen
was ich verkörpere wird mit mir aussterben
　　was ich liebe entzieht sich meiner Unkenntnis
was ich verlange ist nicht von schlechten Eltern
　　was ich bekämpfe hat tausend Gesichter
was ich träume läßt mir keine Ruhe
　　was ich begehre wechselt die Straßenseite
was ich verletze ist weder Sitte noch Anstand
　　was ich erledige ist damit nicht vom Tisch
was ich verzeihe auch nicht
　　was ich formuliere ist dem Nichts abgerungen
was ich verachte ist nichts außer Dummheit
　　was ich lobe darf sich geehrt fühlen
was ich kritisiere verdient was es kriegt
　　was ich mir zu eigen mache nehme ich niemandem
　　weg
was ich bedauere habe ich mir selbst zuzuschreiben
　　was ich angreife muß sich warm anziehen
was ich akzeptiere darf sich in Sicherheit wiegen

was ich erschaffe vollzieht sich strukturell ähnlich
wie bei Gott
was ich leugne kommt durch die Hintertür wieder
herein
was ich verdränge geht gar nicht erst zur Vordertür
hinaus
was ich büße ist teilweise durchaus unverschuldet
was ich genieße ist die Geschmeidigkeit der Seele
was ich gestehe ist immer nur das was man mir
beweisen kann
was ich hasse ist das was ich verachte also
Dummheit
was ich mag kann genauso starke Empfindungen
auslösen wie Liebe
was ich kann ist mir bewußt
was ich nicht kann auch aber es interessiert mich in den
meisten Fällen nicht
was ich respektiere wird niemals durch den Kakao
gezogen
was ich tue ist was ich kann
was ich auf sich beruhen lasse sollte mich weiter im
Auge behalten
was ich ändere erfüllt mich mit Stolz
was ich phantasiere nimmt meine Gestalt an
was ich bin ist nicht in Stein gemeißelt
was ich möchte steht hier nicht zur Debatte
was ich bereue quält mich penibel
was ich höre sind Geräusche

was ich wirklich höre ist Musik
    also wahre Musik
wirkliche
    was ich zu bieten habe sollte allgemein bekannt
    sein
ist es aber nicht
    was aus mir wird weiß Gott allein
was ich denke ist das was ich denke
    was ich sage nicht immer
und was ich noch zu sagen hätte: Fortsetzung folgt

26.10.2017

## NACH DREHSCHLUSS

Die Ägypter und die Hethiter
    die Griechen und die Trojaner
die Mazedonier und die Perser
    die Römer und die Karthager
die Römer und der ganze bekannte Rest der Welt
    die Römer und die Goten
die Christen und die Hunnen
    die Christen und die Türken
die Christen und die Araber

die Christen untereinander
die Christen und der Rest der Welt
die Engländer und die Franzosen
die Engländer und die Amerikaner
die Engländer und der Rest der Welt
die Franzosen und die Österreicher
die Franzosen und die Preußen
die Franzosen und die Russen
die Franzosen und der Rest der Welt
die Spanier und der Rest der Welt
die Preußen und die Österreicher
die Preußen und die Franzosen
die Deutschen und die Österreicher
und die Franzosen und die Serben
und die Italiener und die Russen und die Amis
die Nazis und der Rest der Welt
besonders die Russen
Japan und der Rest der Welt
besonders die Chinesen
die Amis und der Rest der Welt
besonders der Vietcong und die Afghanen
und die Iraker und überhaupt alle bösen Schurken
die Moslems untereinander
die Moslems und die Juden
die Islamisten und die Christen
und alle die ich vergessen habe
mit meiner typisch weißen
eurozentristischen Sichtweise

Die treffen sich doch alle
    wenn das Gemetzel vorbei ist
in der Kantine
    und heben einen zusammen
nach Drehschluß

Oder

21.11.2017

# HERR HUT UND DIE RECHTSCHREIBUNG

Herr Hut hatte einen beklemmenden Traum: Sagt die moderne, aufgeklärte, rot-grüne Schimpansenmama zu ihrem Schimpansenkind: „Du mußt die Kokosnuß nicht mit Gewalt bearbeiten, liebes Schimpansenkind. Du mußt sie nicht aufhauen oder aufknacken. Das erzeugt doch nur Streß. Das erregt doch nur Unlust. Das kostet dich doch viel zu viel Kraft, mit der du besser deinen Namen tanzen kannst. Wenn schon nicht buchstabieren. Was macht denn das mit dir, Schimpansenkind, und aus dir? Nichts als einen leistungsorientierten Streber, einen Emporkommer, einen elitären bildungsnahen Schichtarbeiter. Du mußt der Kokosnuß nur Küßchen geben. Ganz, ganz viele Küßchen. Und du wirst sehen, dann geht sie irgendwann von ganz alleine auf. Und wenn nicht, ein bißchen Verhungern hat noch keinem Schimpansen geschadet. Unsere Kinder sollen es doch mal schlechter haben als wir."

So weit der Traum von Herrn Hut. Dann wachte er auf und stellte fest: Er saß als unsichtbarer Zuschauer mitten in einer deutschen Grundschulklasse beim Deutschunterricht.

Und die Schimpansenmama war nicht mal unbedingt mehr eine rot-grüne Lehrerin, sondern kam inzwischen schon in allen politischen Farben vor.

Da wollte Herr Hut doch lieber wieder träumen vom bildungsfernen Urwald. Uhrwald. Mit h.

27.11.2017

# ERLEBNISPARK ALLTAG

Herzlich willkommen im Erlebnispark Alltag. Das Abgeben des Gehirns an der Garderobe hat sich erübrigt. Es gibt keine Garderoben mehr. Das Personal war zu teuer. Sie dürfen jetzt mit Mantel und Hirn eintreten. Aber beides wird Ihnen nichts nützen.

Am Eingang links befindet sich ein Automat, dort ziehen Sie bitte ein Kärtchen. Auf dem steht, was Sie sich wünschen sollen. Hinter dem Eingang rechts befindet sich ein großer Korb, dort werfen Sie bitte das Kärtchen hinein, weil es keine Rolle spielt, was Sie sich wünschen.

Im Erlebnispark Alltag dürfen Sie sich vollkommen frei bewegen. Jedenfalls sollen und werden Sie das glauben. Glauben Sie aber bloß nicht, daß Sie wissen, was gut für Sie ist. Sie wissen es nicht. Aber wir wissen es. Glauben Sie uns. Sie sind verspannt. In Ihrem Gehirn klimpern Eiswürfel. Machen Sie sich erst mal locker. Werden Sie erst mal warm mit der Situation. Kommen Sie erst mal auf Betriebstemperatur.

Wunder werden hier sofort erledigt. Erledigt im Sinne von Endlösung. Wunder gibt es nicht. Wunder wären Ausnahmen. Hier im Erlebnispark Alltag gilt nur die Regel. Die Regel, daß alles, aber auch wirklich alles besonders ist. Einzigartig. Speziell, EIN ERLEBNIS UND MEHR. Alles ist hier sozusagen ein Wunder. Alles oder eben nichts.

Die nahezu nackten Hostessen im Erlebnispark Alltag tragen lustige Warteschleifen im Haar. Einen Anspruch auf Auskünfte haben Sie hier nicht, außer bei exorbitanten Einkünften. Ihre Herkunft ist mit Ihrer Ankunft hier gegenstandslos geworden. Ihre Ankunft hier war nämlich Ihre unwiderruflich finale Hinkunft. Mehr wird es über Sie nicht mehr zu sagen gegeben haben. Vergessen Sie das unschöne Wort Zukunft. Zu-Kunft, das klingt so nach verschlossenen, versperrten Horizonten.

Seitdem Sie hier eingetreten sind, leben Sie in einer gefühlt ewigen Aufkunft. Wer hier betet, hat dabei den erigierten Penis eines Nächstenlieben zwischen den Händen zu reiben. Das ist doch wohl nicht zu viel verlangt. Meuterei gegen die hier gültige Unrechtschreibung wird mit dem Entzug des Eigennamens bestraft. Und auf Datenlästerung steht die Lebensstrafe. Eine schlimmere kann es nicht geben für die Mutanten im Erlebnispark Alltag.

01.12.2017

# KORREKTURTASTE

Es tut mir leid
    ich kann gar nicht mehr sagen was ich w
kann gar nicht
    mehr sagen was was was ich
w w w
    es tututut mir lalalalaleid
ich wollte Sie w
    ich wollte Sie w
wawawarnen
    aber es geht ni
es geht ni
    es geht mir ganz wunderbar danke ausgezeichnet
es tut mir leid
    es tut mir so wawa
es tut mir so wawa
    so wahnsinnig toll ist es hier
so wahnsinnig leid

ich wollte Sie warnen
aber irgendwo in meinem K
irgendwo in meinem Kokokopf
ist eine Krrekttst
Krrekttst
Korrekturtaste
die sch die sch die schaschaschaltet
sich von selber ein
in ds ws ch sgn wll
in ds ws ch sgn wll
in das was ich sagen will ist:
Daß es mir wahnsinnig leid tut
wenn ich den Eindruck erweckt haben sollte
HÖREN SIE MIR NICHT ZU
den Eindruck erweckt haben sollte daß
HÖREN SIE NICHT HIN
HÖREN SIE WEG
SCHALTEN SIE MICH AB UM HIMMELS WILLEN
daß hier irgendetwas nicht mit rechten Dingen
zugeht
hier stimmt alles
hier ist alles auf das Feinste eingerichtet
legen Sie sich entspannt auf das Förderband
und lassen Sie sich in Richtung auf die rotierenden
Messer transportieren
das Blut fließt sauber ab
die Eingeweide werden in Bottichen aufgefangen
HÖREN SIE MIR NICHT ZU

ERSCHIESSEN SIE MICH
ERSCHIESSEN SIE MICH BEVOR
ES
ZU
aber was sage ich denn
hören Sie mir zu
lauschen Sie lauschen Sie lauschen Sie meinen
lieblichen Worten
so lange Sie noch Ohren haben

01.12.2017

# DAS VOLK DER LESER

Schon als Kind habe ich gern Menschen beim Lesen zugesehen. In der Bahn. Im Bus. Im Wartezimmer. Heute würde man leichtfertig sagen: Ich habe es GELIEBT, Menschen beim Lesen zuzusehen. Das ist die allgemeine, oberflächliche Ausdrucksweise für alles, was man nicht gerade haßt.

Auch mit dem Ausdruck HASSEN wird ja heutzutage sehr fahrlässig umgegangen. Man sagt, man HASST Erdbeereis, wenn man es nur einfach nicht besonders mag. Wer George Orwell gelesen hat, könnte das FLACHKOPF-SPRECH nennen. Oder sachlicher formuliert: Amerikanismen. Aufgeblähte Sprechblasen aus dem Land der unbegrenzten Übertreibungen und schrecklichen Vereinfachungen.

Ich saß einmal Anfang der 80er-Jahre in einem Flugzeug auf dem Weg von New York City nach Houston Texas. Neben mir ein aufgequollenes altes amerikanisches Ehepaar. Beide mit weißen Cowboyhüten als fleischgewordenes Klischee. Irgendwann fragte mich der Mann, wo ich her sei.

„Deutschland", sagte ich.

„Wo sitzen die Kommunisten?", fragte er.

„In Ostdeutschland", sagte ich.

„Und woher kommst du?", fragte er.

„Aus Westdeutschland", sagte ich.

Da entspannte er sich und grunzte „OKAY."

Angesichts dessen, was ich dort drüben sonst noch so an unvorstellbarem Unwissen über den Rest der Welt erlebt habe, möchte ich diesen Rentnercowboy beinahe als amerikanischen Intellektuellen bezeichnen.

Aber zurück zum Thema. Ich habe immer schon gerne Menschen beim Lesen zugesehen und tue es heute noch. Ich male mir aus, welchen Text sie wohl gerade vor sich haben. Manchmal lasse ich auch was fallen, um mich bücken und den Namen des Buches und des Autors erspähen zu können.

Ich beobachte jede Regung, die in ihrem Gesicht vorgeht. Wenn ich das Buch kenne, frage ich mich, wo sie wohl gerade sind, während sie sich die Sprache auf dem Papier aneignen. Sich zu eigen machen. Und dabei nicht nur den Text kennenlernen, sondern auch sich selber schon wieder ein bißchen besser.

Hoch soll es leben, das weltweite Volk der Leser. Die stille Gemeinschaft der Aufmerksamen. Der Achtsamen. Der Behutsamen. Wer nicht lesen kann oder nicht lesen will oder einfach nicht liest, ist nichts als ein Teil einer dumpfen, bewußtlosen großen Zahl. Nur wer liest, kann die Welt und sich selbst ent-ziffern.

Hurra und immer eine Handbreit Wörter unter dem Kiel.

28.12.2017

## DER UNMUT DER VERZWEIFLUNG

Endlich einmal wieder von etwas ganz und gar besessen sein – sodaß ich davon übersprudle. Es jedem mitteilen, mit jedem teilen möchte.

Okay, nicht mit jedem. Ganz sicher nicht mit jedem. Aber doch mit jedem, auf den es mir ankommt. Und dabei noch nicht denken zu müssen: ein letztes Mal. Diese Besessenheit von einer Frau, von einer Musik, von einem Kleidungsstück, von einem Buch, von einem Getränk, von einer Tageszeit wird die letzte in meinem Leben gewesen sein. Der letzte nennenswerte Ausschlag des Seismographen, das letzte bemerkenswerte Vorkommnis vor dem langsamen Verdämmern, Verebben, Verlöschen vor dem Rest meines Lebens, der nichts weiter sein wird als ein Zeitlupenabsturz.

Das wäre schön. Das wäre wunderbar. Danach sehne ich mich. Und danach sich nicht wieder und wieder in die Finger zu schneiden, lächerlich, beschämend, ungeschickt, die zunehmende Unbrauchbarkeit der eigenen Hände zur Kenntnis nehmen zu müssen, zu bluten, Pflaster zu benötigen, nur um festzustellen, es sind keine im Haus. Weniger und weniger Herr der eigenen Handgriffe zu sein. Das wäre auch schön. Danach sehne ich mich auch.

Wie lange lebt man schon mit gesenkten Ansprüchen? Längst hat man doch gelernt, daß es Trost nicht in anschaulicher Form gibt, sondern nur als Abwesenheit von Leiden und Kummer. Als Nichteintreten von Schlimmem. Oder seien wir ehrlich: als Aufschub, irgendwann zur Neige gegangen sein werdendem Aufschub des Schlimmsten.

Beschenkt mich nicht mehr. Bringt mich nicht mehr in die Lage, reagieren zu müssen mit unzureichenden Gegengaben, so lautet mein heimlichstes Gebet, für das ich mich hasse. Weil es aus dem Unmut der Verzweiflung entspringt. Das Wunderbare gibt es nämlich nur, solange der Vorrat reicht. Wer will noch nicht, wer hat noch mal?

In den Himmel, in den Himmel, in den Himmel kommen nur Leute, deren Paßwort die Engel nicht erraten können.

28.12.2017

# EINE REGENSCHACHTEL

Der sexuelle Akt war ihm immer nur gelungen, wenn er sich vorstellte, die Frau sei seine willenlose Sklavin und er mache ihr ein Kind. Das hing mit seinem ausgeprägten Schamgefühl zusammen, für das er sich lebensvergiftend schämte. Anderen gegenüber beschrieb er sich gerne als ein Gerät, das manchmal ohne erkennbaren Grund einfach nicht funktioniere. Dann müsse man den Stecker rausziehen, langsam bis zwanzig zählen, ihn wieder reinstecken, und dann gehe es wieder.

Als Oberbegriff für sein Leben bezeichnete er das Wort Improvisationskontrolle. Er träumte eines Nachts von der kalifornischen Band The Grateful Dead. Es gab sie wieder. Auch der Gitarrist Jerry Garcia war nicht mehr tot. Die Band bat ihn, ihr Repertoire ins Deutsche zu übersetzen. Ein Live-Album sollte aufgenommen werden. In deutscher Sprache.

Er fühlte sich geschmeichelt. Als Erstes übersetzte er den Titel des Buches, das ihr Songtexter Robert Hunter geschrieben hatte. A Box Of Rain. Eine Regenschachtel. Aber weiter kam er nicht, denn kein Bandmitglied wollte ihm sagen, welche Songs an dem Abend gespielt werden würden.

Bald kam ihm die Sache wie ein schlechter Scherz vor. Was die Band allerdings verneinte. Dann hielt er es für einen Traum. Dem stimmte die Band zu und verschwand, sich in Rauch auflösend.

Wenn man an einem Zipfel Gefallen gefunden hat, sollte man sich eben nie den ganzen Mantel wünschen. Man wird nur enttäuscht. Entweder von den Ärmeln. Oder von den Knöpfen. Oder vom Kragen. Das könnte die Moral von der Geschichte sein. Ist es aber nicht.

30.12.2017

## AUF AUGENHÖHE

Irgendwann – da war sich Herr Hut ganz sicher – würde er es schaffen, den Tod zu fragen, was er dafür bekäme, wenn es ihm gelänge, nicht zu sterben. Also daß er es schaffen würde, den Tod so zu fragen, daß der Tod diese Frage verstünde. Daß sie bei ihm ankäme und er sie ernst nähme.

In seiner Freizeit arbeitete Herr Hut mit all seinen Kräften intensiv gedanklich daran, einen Bluff zu konstruieren. Einen hieb- und stichfesten Bluff – seine eigene Unsterblichkeit betreffend –, auf den sogar der alles bezwingende, unbestechliche, allgewaltige Tod hereinfallen müßte.

„Hey, Mister Tod", würde Herr Hut mit kecker Stimme laut und naßforsch fragen. (Er würde den Tod „Mister Tod" nennen, weil das irgendwie tough klingen würde, wie ein Cowboy, und Herr Hut sich den Tod irgendwie nur als Amerikaner vorstellen konnte.) „Hey, Mister Tod, was kriege ich von dir dafür, wenn ich es fertigbringe, nicht zu sterben?"

Jawohl, er würde den Tod herausfordern. Mit den gleichen Worten, mit denen ein Kind eine Belohnung dafür fordert, wenn es besonders brav, besonders artig gewesen ist. Wobei Herr Hut ja alles andere sein wollte als artig. Eher besonders unartig dem Tod gegenüber. Einzigartig. Zumindest als Bluff. Oder wie man heute sagt: als Fake. Und der Tod – auch da war sich Herr Hut ganz sicher, denn er hatte das Problem gründlich durchdacht – hatte, wenn der Bluff von Herrn Hut gut genug war, eigentlich nur eine einzige Möglichkeit zu antworten.

Er würde sagen: „Wenn du das hinkriegst, kann ich dir als Belohnung nichts Größeres schenken als – den Tod."

Herr Hut würde so tun, als ob er einen Moment nachdenken müßte. Und dann akzeptieren, mit dem phantastischen Gefühl, für einen Moment mit dem Tod auf Augenhöhe gewesen zu sein.

Okay, fast. Also schielend und auf Stelzen.

02.01.2018

# HERR HUT UND DER IRRSINN

Einen weiteren Sinn für unseren Sinnesapparat wünscht sich Herr Hut. Am nächsten verwandt dem Tastsinn. In Ermangelung eines besseren Wortes nennt ihn Herr Hut den Irrsinn. Und das ist überhaupt nicht kalauernd gemeint. „Eher lauernd", würde Herr Hut vermutlich sagen.

Irren ist wahrhaft menschlich. Tiere und Pflanzen irren nie. Es sei denn, sie werden hereingelegt. Der Irrsinn wäre Herrn Hut zufolge die Fähigkeit, sich produktiv zu verirren. Sich ergebnisoffen treiben zu lassen. Zu suchen, ohne finden zu wollen. Und dann genau deswegen das Unvorhergesehene, das Unerwartete, das angeblich Unmögliche zu finden. Beziehungsweise sich von ihm finden zu lassen.

Zum Beispiel auf dem Bürgersteig ein Telefonbuch, in dem der Wind blättert. Ein Telefonbuch als Lektüre des Windes. Für einen solchen Fund, für einen solchen Sinn würde Herr Hut sogar in den dunklen Wintermonaten freiwillig um vier Uhr morgens aufstehen. Was ihn größte Überwindung kosten würde. Um bloß nichts zu verpassen. Um die Stille zu vernehmen, die dadurch entsteht, daß alle Dinge und alle Lebewesen noch quasi in sich selbst versteckt sind.

Am liebsten würde er sich dafür den Schlaf komplett abgewöhnen. Aber das wäre nicht gut. Und das wäre auch nicht richtig, denn auch im Schlaf wäre der Irrsinn eine große Hilfe, um das an den Träumen zu verstehen, was an ihnen überhaupt verständlich sein soll und kann, um nicht auf die primitiven irrsinnigen Traumdeutungen der Psychoanalytiker hereinzufallen. Dieser miserablen Ersatzpfarrer.

Der richtig verstandene Irrsinn ist die Begabung, den richtigen Moment zu erkennen, um sich umzudrehen, weil die Wahrheit mal wieder genau hinter und nicht vor einem liegt. Die Fähigkeit, beim eigenen Hund den Unterschied zwischen Gelassenheit und Langeweile zu erkennen, Entspanntheit und Öde, und in der Politik die längst überfällige Einsicht, daß es die Vernunft im Parlament der menschlichen Eigenschaften allerhöchstens zu einer Minderheitsregierung bringt.

Aber mit einem Herrn Hut als Kanzler könnte ich gut leben.

04.01.2018

## SOMMER 1973

Ganz plötzlich erinnere ich mich mit der Wucht eines Platzregens an den Sommer 1973. Ich kann sein Licht vor meinem inneren Auge sehen. Ich fühle seine Hitze auf der Haut. Ich höre die Geräusche der wenigen vorbeifahrenden Autos, während ich in unserem kleinen Garten sitze hinter dem Vierparteienhaus Ameldungstraße 21 in Osnabrück.

Ich versuche gerade mit langsam wachsender Wut der Verzweiflung, die Phänomenologie des Geistes von Hegel zu lesen. Ich begreife kein Wort davon, weiß aber zu diesem Zeitpunkt noch nicht, daß das keine Schande für einen Sechzehnjährigen ist und daß sie vermutlich kein einziger Erwachsener auf der ganzen Welt begriffen hat. Nicht einmal Hegel selbst.

Ich muß immerzu an meine Freundin denken, die nicht da ist. Deren Abwesenheit mir geradezu körperliche Schmerzen bereitet. Sie wohnt in Dortmund und darf nur selten zu Besuch kommen als Fünfzehnjährige. Das war damals normal. Es herrschte noch ein strenges elterliches Regiment in den meisten Familien. Die Telefone hatten noch sich ringelnde Schnüre. Und nicht jeder Haushalt hatte überhaupt eines. Computer gab es nur in der Science Fiction. Dort sahen sie aus wie riesige Apfelsinenkisten mit bunten Knöpfen.

Das ständige Denken an meine Freundin, lüstern und hormongesteuert, wirkt sich zusätzlich negativ auf meine Hegellektüre aus. Meine Freundin glaubte ich übrigens begriffen zu haben. Vollständig. Wobei „begriffen" unter anderem auch ganz wortwörtlich zu verstehen war. Erst sehr viel später sollte sich herausstellen, daß ich sie genauso wenig begriffen hatte wie Hegel.

Sommer 1973. Großartige Platten von Emerson, Lake & Palmer, Yes und Jethro Tull und Roxy Music erschienen da. Langeweile und Sehnsucht. Das alles ist so ewig her. Damals lebten noch ganz viele, die das inzwischen nicht mehr tun. Ach ja.

04.01.2018

# ZUR SPRACHE GEBRACHT

Ich sage einfach mal ganz laut
  in den öffentlichen Raum hinein
KANAKE
  hallo
haben es auch wirklich alle gehört daß ich
  KANAKE gesagt habe
KANAKE
  KANAKE
ist das überall angekommen
  sehr gut
so
  und nun regt sich Protest
nun macht sich Empörung breit darüber daß ich
  KANAKE gesagt habe
und man belehrt mich daß man so etwas nicht sagt
  wie KANAKE
und man verurteilt mich dafür
  in schärfster Form
daß ich KANAKE gesagt habe
  ich nehme das zur Kenntnis
ich habe damit gerechnet
  ich habe das erwartet
ich habe das bezweckt
  und ich entschuldige mich dafür

daß ich KANAKE gesagt habe
    und ich versichere daß ich es gar nicht so gemeint habe
und anders auch nicht
    daß ich mißverstanden worden bin daß mir das nur so rausgerutscht ist
unterlaufen gewissermaßen
    daß es mir mein Assistent unbedachterweise
fahrlässig und ein bißchen gedankenlos in mein Manuskript geschrieben
    gewissermaßen hineingeschmuggelt hat
dieses häßliche bösartige Wort KANAKE
    KANAKE ist natürlich ein no-go
ganz klar selbstverständlich
    KANAKE sollte man nicht sagen
KANAKE sollte man nicht einmal denken
    zumindest nicht wenn die Gefahr besteht
daß es einer merkt
    neinnein
KANAKE geht natürlich gar nicht

Und wenn ich Sie in fünf Minuten frage
    an welches meiner Worte Sie sich noch erinnern können
welches wird das wohl sein
    na bingo
so bringt man Dinge zur Sprache und behält sie dort
    gut aufbewahrt

so wird langsam Wort für Wort
    der Sieg wieder
heil

04.01.2018

## VERANSTALTUNGSHINWEISE

Meine sehr verehrten Damen und Herren, bevor Herr Kunze die Bühne betreten und sein vom Korrekturkonzil nur mit äußersten Bedenken genehmigtes Programm aufführen wird, gestatten Sie mir einige Hinweise.

Sämtliche Sitzgelegenheiten, auf denen Sie Platz genommen haben, sowie der Fußboden – falls Sie es vorziehen zu stehen –, sind mit Sensoren ausgestattet, die jede Empfindung von Ihnen registrieren und protokollieren. Ganz egal, was in den nächsten Stunden in Ihnen vorgeht, es wird alles ans Korrekturkonzil weitergeleitet und kann im Zweifelsfall gegen Sie verwendet werden.

Wir bitten Sie also nicht nur, Ihre Handys auszuschalten, sondern wir empfehlen Ihnen darüber hinaus in Ihrem wohlverstandenen eigenen Interesse, eventuelle Gefühlsregungen sexistischer, blasphemischer oder politischer Art eisern unter Kontrolle zu halten und keineswegs in Ihnen hochkommen zu lassen.

Wie Sie vielleicht wissen, setzt sich das Korrekturkonzil aus Feministen, Islamisten, Pharisäern, Veganern, Rechtsnationalisten, islamistischen Feministen und feministischen Islamisten zusammen und versteht absolut keinen Spaß. Wir raten Ihnen also zur Vorsicht.

Ein kleiner Tipp allerdings: Genau die Tatsache, daß das Konzil keinerlei Spaß versteht, ist heute Abend Ihre Chance. Wenn Ihnen also ein musikalischer oder sprachlicher Beitrag besonders gut gefällt, sollten Sie das durch lautes und deutlichen Klatschen und Lachen zum Ausdruck bringen. Die Sensoren unter Ihnen sind zwar hochempfindlich, neigen aber genau deswegen bei stark geäußerter Lebensfreude zu Fehlfunktionen und schalten sich bei extremen Signalen automatisch ab. Woran das liegt, ist noch nicht erforscht. Vermutlich traut Ihnen das Korrekturkonzil so wie sich selbst größere emotionale Ausbrüche und tiefere Einsichten schlicht und einfach nicht zu. Jubeln Sie. Trampeln Sie. Lachen Sie, bis der Arzt kommt. Auf diese Weise schlagen Sie allen Hexenjägern ein Schnippchen.

In diesem Sinne: Holzauge, sei wachsam. Aber eben deswegen viel Vergnügen.

27.01.2018

# LEBENSFELDWEG

Du gehst über ein weites kahles Feld. Der Wind pfeift dir um den Kopf. Mal pfeift er weiß, dann ist es Tag. Mal pfeift er schwarz, dann ist es Nacht. Du trägst einen schweren Rucksack auf dem Rücken. Mit jedem Schritt wird er schwerer. Du weißt nicht, was im Rucksack ist. Du hörst nichts als deine Schritte und deinen Atem. Das Pfeifen des Winds klingt wie ein Seufzen. Das Pfeifen des Winds klingt wie ein Stöhnen. Hin und wieder wie ein Lachen. Immer wieder wie ein Weinen.

Dir begegnen andere. Manche davon begleiten dich eine Weile. Einige davon eine kurze Weile. Einige davon eine lange Weile. Keiner die ganze Strecke, die du zu gehen hast. Die du nicht kennst. Von der du nicht weißt, wie lang sie ist. Du gehst und du erlebst dein Gehen. Du gehst und du erinnerst dich an dein Gegangensein. Nur an den Anfang, an die ersten Schritte, erinnerst du dich nicht. Und je länger du gehst, desto schwerer wird dein Rucksack und desto brüchiger, desto löchriger, desto verschwommener wird deine Erinnerung. Bis du es aufgibst, dich zu erinnern. Bis du dich nicht einmal mehr erinnern kannst daran, daß du dich mal erinnern konntest.

Und langsam reißt dir der pfeifende Wind das Fleisch aus dem Gesicht. Deine Augen schauen starr geradeaus auf einen Horizont, der niemals näher kommt. Die Augen tränen und du weißt nicht, ob vom Wind. Das Gehen bereitet dir mehr und mehr Schmerzen. Langsam fühlt es sich an, als ob du keine Füße mehr hättest. Als ob du auf den Unterschenkelknochen gingest. Auf den Knien. Auf den Oberschenkelknochen. Als ob du weiterkröchest auf den Beckenknochen. Auf dem Brustkorb. Auf dem Hals. Auf dem Kinn. Auf der Nase. Auf der Stirn.

Schließlich bleibt von dir nur der Scheitel übrig. Die Scheitellinie. Dann bist du der Horizont geworden.

28.01.2018

## SCHÖN, DASS ICH DA BIN

Es gibt Städte, deren Fußballmannschaft kriegt nicht mal einen Elfmeter, wenn der gefoulte Spieler ein Bein verliert. Es gibt Städte, da könnte man fast Bedauern darüber empfinden, daß sie bei den Bombardierungen im Zweiten Weltkrieg vergessen wurden. Städte, in denen man keinem Fahrstuhl über den Weg traut, in denen man bitte angerufen werden möchte, von wem auch immer, bloß um einen Vorwand zu haben abzureisen in dringenden Familienangelegenheiten. Städte, die aussehen wie das Zimmer eines 14-jährigen Hormonopfers. Städte, die auch aus der Luft nicht schöner aussehen als ein Gesicht mit Masern. Städte, die so nerven, wie nur ein rechthaberischer Freund nerven kann, dem man schon längst nicht mehr widerspricht. In denen im Bedarfsfall immer gerade das Klopapier alle ist. Denen man bei Nacht in erleuchtetem

Zustand zurufen möchte: Laß es! Es hat keinen Sinn. Mach das aus! In denen das ganze Jahr Gesamtschulwetter herrscht. In denen man sich als Besucher fragt: Kennen die hier Herren- und Damenoberbekleidung oder hängen die sich hier noch Felle um? In denen beim Bier nur der Schaum nach überhaupt irgendwas schmeckt. In denen sich sogar die Kakerlaken scheiden lassen.

Aber um solche Städte handelt es sich bei Ihrem zauberhaften Zuhause ja zum Glück ganz und gar nicht. Herzlich willkommen. Schön, daß ich da bin.

28.01.2018

# DIESE ANHALTERIN

Hätte ich doch bloß nie diese Anhalterin mitgenommen. Jetzt sitze ich hier, gefangen in einer karibischen Herrentoilette, und werde gezwungen, Urinproben für Biathleten aus Jamaica zu fälschen. Aber das zu erklären wäre eine lange Geschichte.

Ich war auf dem Weg in den Schwarzwald gewesen, um zu Heideggers Hütte auf dem Todtnauberg zu pilgern. Dort wollte ich sein Hauptwerk „Sein und Zeit" auswendig von der ersten bis zur letzten Seite in den Nachthimmel brüllen, um meinem Ärger Luft zu machen. Denn durch eine Verkettung von unglücklichen Umständen hatte ich meine Freundin verlassen – und war ihr damit zuvorgekommen. Aber das zu erklären wäre eine noch längere Geschichte.

Nur so viel: Sie, also meine Freundin, ist unglaublich viel älter, als sie aussieht. Und scheibchenweise fand ich heraus, daß sie vor meiner Zeit schon Affären mit Kleopatra, Hermann Göring und dem Tiger von Eschnapur gehabt hatte, was mich für ein ganzes Jahr in einen Schockmischzustand aus Schizophrenie und Narkolepsie versetzte. Mein eigenes Ich war zeitweise völlig verschwunden. Der Rest von mir war zur einen Hälfte David Bowie, zur anderen Jürgen von der Lippe.

Hätte ich bloß nie diese Anhalterin mitgenommen. Aber so kam eins zum andern. Ich habe es mir selber zuzuschreiben. Ich bin einfach zu gutmütig. Deswegen ist auch nicht viel aus mir geworden. Ich arbeite als Klobrillentester bei Villeroy und Boch. In meiner Freizeit fahre ich Fahrstuhl oder ich spiele Schiffe versenken – also echte Kreuzfahrtschiffe. Meistens gewinne ich. Aber das nur nebenbei. Ich glaube nicht, daß ich Ihnen das erklären könnte. Und ich denke auch nicht, daß ich mich rechtfertigen muß. Nach all dem, was ich durchgemacht habe.

Wie dem auch sei. Auf dem Weg in den Schwarzwald habe ich diese Anhalterin mitgenommen. Sie muß mich betäubt haben. Als ich aufwachte, war ich in dieser karibischen Herrentoilette. Essen und Trinken bekomme ich nur, wenn ich Urinproben von mir abgebe. Also, wenn demnächst Jamaica alles abräumt im Wintersport: Das war ich.

30.01.2018

# OHNE JEDES RISIKO

Einfach zwischendurch mal beten
  Augen schließen
Danke sagen
  einfach kurz mal innehalten
den Kontakt zum Himmel wagen

Sich bedanken für das Leben
  jede einzelne Minute
nicht nur für die großen Sachen
  auch das Kleine ist das Gute

Dankbarkeit für Reichtum Liebe
  die ist billig die kann jeder
Glück beginnt im Mikrokosmos
  zwischen Oder und Entweder

Daß zum Beispiel man gesund ist
  das bemerkt man viel zu selten
erst wenn irgendetwas wund ist
  und die Regeln nicht mehr gelten

Dankbar sein für einen Anblick
  eine Süße einen Duft
dankbar sein für eine Stille
  für ein Leuchten in der Luft

Alles als Geschenk empfinden
    was man unerwartet kriegt
wenn man Tag für Tag bewältigt
    wenn man ganz bescheiden siegt

Einfach zwischendurch mal beten
    Augen schließen
Danke sagen
    einfach Gott für möglich halten
sich mal trauen
    und es wagen

Denn was hat man zu verlieren
    wenn man kurz mal aufwärts liebt
höchstens daß er dir nicht zuhört
    höchstens daß es ihn nicht gibt

Du jedoch hast Dank empfunden
    das ist gut
so oder so
    hast auf jeden Fall gewonnen
ohne jedes Risiko

04.02.2018

# GESCHNETZELTES

1. Manchmal hat es einen Sinn, vor allem die Augen zu verschließen. Das nennt man Schlaf.

2. Leben heißt: Etwas, in dem Stoffwechsel stattfindet, ist eingeschlossen in einem Raum mit seltsamen Fenstern und Türen. Tod heißt: Dieser Raum samt Inhalt hört auf zu existieren. Sterben heißt: das Rätsel dazwischen.

3. Der böse Mensch spricht das aus, was alle denken, wenn sie ganz ehrlich sind. Der gute Mensch verheimlicht das, was er denkt, und leidet unter seiner Unehrlichkeit. Deswegen kommt er sich besser vor, als er ist.

4. Es gibt Bahnhöfe, auf denen erhält man keine Auskunft über die Ankunft.

5. Wenn es um fünf nach zwölf immer noch zu früh ist, hat die Sprache versagt.

6. Auf dem Bürgersteig vor dem Nachbarhaus liegen eine Handvoll durchsichtige Plastiksplitter und das Farbphoto von einem etwa zehnjährigen lächelnden blonden Jungen. Seit Tagen.

7. Nur wer sich selber auch mal etwas durchgehen läßt, ist kein zügelloser Charakter.

8. Reisekrankheit ist gesund.

9. Es rechnet sich nicht? Es rechnet sich nie. Irgendjemand tut es. Oft falsch.

10. Ich habe mal einer Frau einen Mißtrauensantrag gemacht. Dann habe ich sie geheiratet.

11. Das, was du weißt, wissen alle. Oft ohne es zu wissen. Das heißt aber nicht, daß du alles weißt. Leider, Gott sei Dank.

12. Dialeckmich.

13. Die entscheidende Gewissensfrage: ob man sich all die Sünden, die man nicht begangen hat, verzeihen soll.

14. Mein Vater war ein Mensch, der einfach nicht wahrhaben wollte, daß man belogen werden kann – von der Hitlerjugend bis zu dem Moment, wo er als Rentner bei der Zeitungslektüre tot in sein Frühstücksei fiel.

15. Anfang des Jahres 2018 beschweren sich im Fernsehen die Karnevalswitzereißer, daß ihre Pointen immer

schneller kommen müssen – das Karnevalswitze-publikum sei geistig nicht mehr in der Lage, sich länger als wenige Sekunden zu konzentrieren. Nicht mal mehr in der Pißrinne der Unterhaltung ist die Welt noch in Ordnung.

16. Am Ende seiner beruflichen Laufbahn konnte der Folterknecht mit Fug und Recht von sich sagen, er habe nie einem Gepeinigten ein Haar gekrümmt. Er war an der Streckbank beschäftigt.

08.03.2018

# NICHT ZU DEUTSCHLAND

Ich glaube, ich gehöre nicht zu Deutschland. Zum Beispiel hätte ich einen Migrationshintergrund anzubieten. Meine Eltern kommen aus dem heutigen Polen. Sie waren evangelische Karteileichen. Genauso wie ich eine bin. So viel zu meiner christlichen Prägung. Allerdings habe ich jüdische Freunde, was mich ja heutzutage bei manchen Zeitvolksgenossen schon wieder eher verdächtig macht. Sauerkraut esse ich nur gelegentlich, und Bier mag ich nicht. Volksmusik finde ich abscheulich. Karneval verstehe ich nicht. Und der Islam und alles, was damit zusammenhängt, macht mir auch nicht mehr Angst als die amerikanische Regierung.

Viele der Leute, die behaupten, daß sie zu Deutschland gehören, ja sogar, daß ihnen Deutschland gehört, sind mir ausgesprochen unsympathisch und ich möchte nicht mit ihnen in einen Topf geworfen und zu einer Suppe verrührt werden, den dann der Rest der Welt auslöffeln muß, zum dritten und dann vermutlich letzten Mal. Nationalstolz ist mir fremd. Nationalstolz finde ich absurd. Wie kann ich auf etwas stolz sein, was ich nicht geleistet habe und was ich nur zufällig bin? Durch meine Geburt hier und nicht anderswo.

Ich denke deutsch. Ich spreche deutsch. Ich schreibe deutsch. Ich träume sogar in Deutsch. Insofern gehöre ich zu dem, was man in Deutsch ausdrückt. Aber manchmal habe ich das Gefühl, daß das, was ich für die deutsche Sprache halte, die Sprache Goethes und Brechts, die Sprache Thomas Manns und Franz Kafkas (ich weiß sehr wohl, daß der Tscheche war), die Sprache Hölderlins und Heines und Rilkes und Heideggers und Adornos hier gar nicht mehr verstanden wird in diesem verstümmelten Kauderwelsch aus Hysterie und Hetze, Schadenfreude, Fake und Lüge, Parteipogromen und Pöbelpopulismen.

Irgendwie war mir der deutsche Selbstzweifel nach dem letzten Krieg dann doch lieber als das neue deutsche Selbstmehrwertgefühl. Ich glaube wirklich, so gesehen gehöre ich nicht zu Deutschland.

Schade.

26.03.2018

# SPRACHLOS

Ich kann kein Deutsch. Ich lebe hier, seit ich geboren bin, und tue so, als ob ich Deutsch kann. Aber ich verstehe kein Wort. Kein Wort. Ich weiß nicht, was das für eine Sprache ist, in der ich mich ausdrücke, damit ich mich selbst verstehe. Aber Deutsch kann es nicht sein. Ich kann kein Deutsch. So viel ist sicher. Ich verstehe kein Wort von dem, was die Deutschen reden und was die Deutschen denken. Kein einziges Wort.

Ich bin sogar schon auf den Gedanken gekommen, einen Japaner, einen Amerikaner, einen Russen darum zu bitten, mir etwas auf Deutsch zu erzählen. Ich dachte, dann verstehe ich es vielleicht. Aber nein. Keine Chance. Es klingt nur lustiger.

Ich fühle mich fremd hier. Sehr fremd. Unter Deutschen. Daß ich einigermaßen zurechtkomme hier, wundert mich selbst am meisten. Ich rate mich so durchs Leben. Und das offenbar einigermaßen zutreffend. Und ich kann mich selber anscheinend irgendwie verständlich machen, obwohl ich nicht glaube, daß die Deutschen mich verstehen. Sie tun nur so mir gegenüber. So wie ich ihnen gegenüber. Was will ich mehr erwarten? Sie lassen mich halbwegs gelten. Sie tolerieren mich. Ich sehe im großen und ganzen so aus wie sie und habe keine äußerlich auffallenden Angewohnheiten.

Manchmal versuche ich, Bücher in deutscher Sprache zu lesen. Je älter sie sind, desto öfter habe ich das Gefühl, das eine oder andere zu verstehen. Aber dann brauche ich nur das Fernsehen einzuschalten, das Radio anzumachen, eine Zeitung aufzuschlagen, und alles ist wie weggeblasen.

Nein, ich kann kein Deutsch. Ich lebe hier, seit ich geboren bin. Und ich werde, wenn sie mich nicht vertreiben, auch hier sterben, ohne jemals Deutsch gekonnt zu haben. Eine Mutter gehabt zu haben ohne ihre Sprache, das ist fast wie keine Mutter. Das macht einen sprachlos.

26.03.2018

# DIE VERHEXUNG

Wenn ich jemanden so sehr hassen würde
wie ich noch nie jemanden gehaßt habe
und ihn verhexen könnte
dann würde ich ihn unsichtbar machen
unhörbar
und unspürbar
unantastbar sozusagen
er wäre in der Welt
mitten unter uns
aber niemand könnte ihn wahrnehmen
nicht mal aus nächster Nähe
er könnte direkt vor der Nase eines anderen
die irrsten Tänze aufführen

er könnte ihm mit der Faust ins Gesicht schlagen
er könnte ihm ins Ohr brüllen
nichts
einfach nichts
der andere würde nicht das geringste merken
das wäre die höchste Strafe die mir einfallen würde
die subtile Höchststrafe
oh er würde natürlich überleben
er könnte sich ja überall einschleichen
und sich stehlen was er so zum Leben braucht
niemand käme ihm auf die Schliche
sein Straftatenregister könnte irgendwann das längste der Welt sein
aber niemand würde es mit ihm in Verbindung bringen
lauter unaufgeklärte Delikte
namenlos
personenlos
rätselhaft
aber irgendwann zu den Akten gelegt und vergessen
ohne daß man ihn sieht
ohne daß man ihn hört
ohne daß man seine Berührung spürt
wäre er das einsamste Unwesen des Universums
nur Gott wüßte von ihm
und ich
aber nicht mal Gott könnte ihm helfen
wenn ich ihm nicht die Erlaubnis gäbe

den Delinquenten von meiner Verhexung zu erlösen
na
würde ich Gott scheinheilig fragen
wie heißt noch mal das Zauberwort
und ich glaube Gott würde es nicht über sich bringen
BITTE zu sagen
ich denke das hält er für nicht vereinbar mit seiner Würde
also keine Chance für den von mir Verfluchten
ich kenne allerdings keinen
den ich so sehr hasse
außer vielleicht
mich

29.03.2018

## GERADE EBEN

Gerade eben war noch Sommer
ich darin mit kurzen Hosen
Eisportionen Regengüsse
Sanddornhecken wilde Rosen
gleich ist ganz bestimmt schon gestern
wie zerronnen so entschwunden
deine Beine deine Lippen
und ich hab ein Glück gefunden
Gott wohin mit so viel Zeiten

und mit so verirrten Orten
Abflußrohren Ähnlichkeiten
allerseits verwirrten Worten
morgen wird ein neuer Tag sein
jede Gegenwehr vergeblich
und das wird ein schwerer Schlag sein
oder völlig unerheblich
Priester halt die Schweinepredigt
unterm Mond mit Sommersprossen
meine Sucht hat sich erledigt
ich bin tief in dir zerflossen
irgendwann bin ich zu Ende
doch das werd' ich nicht erleben
zittern mir ein Dutzend Hände
muß ich sie geschlagen geben
überall bin ich gewesen
wo ich niemals war und wollte
nirgendwo war nachzulesen
was ich wirklich machen sollte
bald sehr bald wird man begreifen
Horizonte gibt es gar nicht
der berühmte Silberstreifen
ist Lametta und mehr war nicht
wie lang willst du dich ernähren
nur von meiner Haut und Knochen
Hunde soll das ewig währen
hab ich dir zu viel versprochen
gerade eben war noch Schweigen

# DIE BEWERBUNG

„Tja“, fragte mich der Zirkusdirektor, „was können Sie denn so?“

„Ich kann“, holte ich aus, „mir meine Telefonnummer nicht merken. Und wenn ich mir ein bißchen Mühe gebe, meine Adresse auch nicht. Manchmal, allerdings sehr selten und nur mit größter Anstrengung, gelingt mir das sogar mit meinem Namen. Meine Frau sagt, ich hätte ein ausgesprochenes Talent dafür, im richtigen Moment das Falsche zu sagen. Und was noch viel beeindruckender sei: auch umgekehrt. Außerdem kann ich das dauernde Heulen von Frauen in Filmen nicht ertragen. Ich finde das abstoßend. Frauen sollten ihr Unglücklichsein (auch und gerade ihr gespieltes) nicht immer so penetrant feucht zum Ausdruck bringen. Ist jedenfalls meine Meinung. Aber es wird mir nur selten gedankt, wenn ich meine Meinung sage. Weder im richtigen Moment die falsche noch im falschen Moment die richtige. Ach ja, und was ich darüber hinaus noch kann: Ich kann unglaublich lange mit ein und derselben Hose auskommen. Ich verspüre praktisch nie das Bedürfnis, meine Hose zu wechseln. Ich mache das nur, wenn es aus hygienischen Gründen absolut unvermeidlich ist. Und ich empfinde dabei jedes Mal das Ende einer Ära. Eine Zeitenwende. Oder auch nur eine sanfte Zerstreutheit. Je nachdem. Und deswegen, Herr Zirkusdirektor, bewerbe ich mich jetzt hier bei Ihnen mit einer großen Zuversicht. Ich habe eine neue Hose an. Und ich bin der Meinung, daß es in der Manege, diesem magischen Ort, keine richtigen und falschen Momente gibt, sondern daß man dort erlöst ist von diesem schrecklichen Entweder-Oder. Und daß die Menschen es lieben, wenn man sie das spüren läßt. Was denken Sie, Herr Direktor?"

„Nun, ich denke", sagte der Zirkusdirektor, „Sie sind engagiert. So eine ulkige Nummer wie Sie hatten wir noch nie."

31.03.2018

# DER GROSSE SCHLAGZEUGER

Der große Schlagzeuger schaut und hört sich nie Konzerte von anderen Schlagzeugern an.

Er will das nicht gesehen und gehört haben. Er will zu der Leistung anderer Schlagzeuger keine Meinung haben müssen. Er will sich immer hinter der Meinung anderer verstecken können. Er will nicht selber zu dem Schluß kommen, daß es überhaupt andere große Schlagzeuger gibt. Womöglich gar größere als ihn selbst. Er will zu diesem Thema keine Stellung beziehen. Er will grundsätzlich sagen können: Der eine sagt dies, der andere das.

Ich persönlich weiß es nicht. Er will jedem gegenüber behaupten können, daß ihn diese Frage nicht interessiert. Und zwar so glaubhaft, daß ihm niemand das Gegenteil beweisen kann.

Doch er hat ein Problem: Es gibt nämlich so viele Schlagzeuger – kleine, große und gigantische –, daß überall im ganzen Land, in den größten Städten wie in den kleinsten Dörfern, Konzerte mit Schlagzeugern stattfinden. Es ist ein gewaltiges Geschepper und Gedonner. Man hört es immerzu und überall. Nirgendwo entkommt man dem erbarmungslosen Beat. Nicht auf den Gipfeln. Nicht in den Tälern. Nicht auf den Feldern. Nicht in den Wäldern. Und der große Schlagzeuger fühlt sich davon verfolgt. Er hat Angst.

Er hält sich die Ohren zu.

Und er denkt: Verflucht, die sind gut. Die sind sogar sehr gut. Es müßte Hunderte von ihnen geben. Leider gibt es Tausende. Und wenn ich auch nur einem einzigen von ihnen eine Minute lang zuhöre, werde ich nie wieder einen geraden Takt klopfen können. Alle diese Schlagzeuger trommeln sich die Seele aus dem Leib. Sie sind besessen. Sie verlieren ihr soziales Umfeld. Ihren Verstand. Und ihre Haare. Nein, das ist es nicht wert. Da lebe ich lieber mit zugehaltenen Ohren. Schlagzeug spielen kann ich so natürlich nicht. Auch gut. Herrlich, diese Stille.

04.04.2018

# MEINE LIEBE SCHOLLA

Ich ekle mich vor dir
    wie vor einem vollgeschnaubten Papiertaschentuch
in einer Sofafalte

Du rührst mich
    wie die blütenweiße Füllung
eines durchsichtigen Salzstreuers

Du machst mich sprachlos
    wie eine unglücklich formulierte Frage
auf die es keine sinnvolle Antwort gibt

Ich beneide dich
    wie jede Nordseeinsel
die sich standhaft dem Autoverkehr verweigert

Ich bewundere dich
    weil dir dein Schulterzucken gelingt
ohne mit der Wimper zu zucken

Ich fürchte mich vor dir
    weil wenn du recht hast immer ist
und wenn du nicht recht hast nie

Du brächtest es fertig
    daß aus dem brennenden Busch ein Gott zu dir spricht
und du die Stimme nicht hörst

Du würdest ihn löschen
    den brennenden Busch
und sei es durch Pinkeln

Ich verachte dich
    weil du keinen Sinn für Interesse hast
und umgekehrt

Manchmal vergöttere ich dich auch
    weil du ausgiebiger brennen kannst
als jeder Busch

Häufig habe ich dich einfach gern
    weil ich dich einfach gern häufig habe oder gern
    häufig einfach
ach was soll ich sagen

Es kommt sogar vor daß ich dich liebe
    ja es kommt vor
wie der Hirsch in der Dämmerung auf die Lichtung

Du gibst schon eine ganze Menge her
    mein lieber Scholli
meine liebe Scholla

06.04.2018

# MEHR IST NICHT VORGESEHEN

Ein Pensum
    eine Pension
Staus ohne Rettungsgassen
    das sichere Gefühl
daß früher alles besser war
    tut mir leid
mehr steht hier nicht
    mehr ist nicht vorgesehen
ein paar Bedürfnisse
    nichts Großes
nichts was aus dem Rahmen fällt
    die eher lustlose Jagd nach deren Befriedigung
Blutdruck
    Zimmertemperatur
tut mir leid
    das war alles
mehr ist nicht vorgesehen
    das hat so seine Richtigkeit
der Teufel bringt Geschenke
    und nimmt sie wieder mit
der Teufel ist dein Schatten
    ist da auf Schritt und Tritt
der Teufel hat Verständnis
    und auch die besten Lieder
der Teufel ist gerissen und
    versucht es immer wieder

man kann schon daran zweifeln
    daß Gott noch existiert
doch man soll ihn nicht verteufeln
    denn er hat es ja probiert
Stützstrümpfe
    Wadenkrämpfe
das Leben ist gewissermaßen
    ein Mangelwarenhaus
Lügen sind übrigens mindestens so gesund
    wie eine Tracht Prügel die bekanntlich
noch keinem geschadet hat
    was krank macht sind die Halbwahrheiten
manch einer steckt den Kopf in den Sand
    manch einer leckt sich Salz aus der Hand
dann kommt ein Durst dämlich und dumm
    wenn du ihn stillst bringt er dich um
tut mir leid mehr steht hier nicht
    Irrtum ausgeschlossen
das ist Ihre Akte
    Ihr genetischer Fingerabdruck Ihre vom Teufel
    gefälschte Unterschrift
da kann man nichts machen das ist unwiderruflich
    letztinstanzlich
Sie haben ja recht
    Sie haben ja recht
ich kann Sie ja verstehen
    es tut mir leid
aufrichtig leid

07.04.2018

## NEUES SPIEL, NEUES UNGLÜCK

Sensationen. Katastrophen. Prominente. Prostituierte. Modeschöpfer. Fußballspieler. Popstars. Pappkameraden. Politiker. Es gibt einfach zu viel. Immerzu ist irgendwer. Irgendwo. Irgendwas. Ein Dauerfeuer wertloser Informationen. Ein Scheißesturm peinlicher Platzpatronen. Ein Geblogge und Getwitter. Ein Geposte und Gemaile und Gesimse. Rufen Sie uns nicht an. Wir rufen Sie auch nicht an. Wissen Sie schon das Neueste? Nein? Dann seien Sie froh.

Würde Jesus heute wiederkommen, er wäre morgen der Schnee von gestern.

Auferstehung zwei Punkt null. Mein Gott, was für ein Gähner. Er hätte keine Chance gegen Tagesthemen und ZDF Spezial. Irgendein Land, das irgendwo liegt und irgendwie heißt, wird wieder zu Klump gebombt von irgendwem. Der Papst läßt sich den Penis vergrößern. Ein Regisseur hat wieder einen Popo angefaßt, der sich ihm willig nackt vor die Nase hielt. Wie soll man sich das alles merken und warum überhaupt? Warum erzählt man uns das alles?

So was erzeugt doch nur fettquabbelige RTL2-Kreaturen mit riesigen Tattoos auf ihren Elefantenschenkeln, die aussehen wie Brandwunden dritten Grades. Wie Hautkrebs, der bis ins Gehirn reicht. Die heißen dann Chantal Hegekötter und wundern sich, daß keiner sie haben will beim Frauentausch.

Tja, dieser Jesus könnte nicht landen bei Chantal, es sei denn, er wüßte was gegen ihre Big-Mac-Allergie oder er hätte eine gute, möglichst bewegungsarme Übung drauf, denn auch sie hat es mit dem Kreuz. Wenn er ganz viel Glück hätte, dürfte er in einer Talkshow von seiner verdrängten Homosexualität erzählen und wie das so ist als Einzelkind eines alleinerziehenden Vaters. Aber am nächsten Morgen wäre alles vergessen. Alles gelöscht wie nie gewesen. Neues Spiel, neues Unglück. Neue Dieselskandale und Schweigegeldübergaben. Flüchtlingswellen. Schiedsrichterbeleidigungen. Arschtransplantationen.

Aber eines Tages wird abgerechnet, Freunde, eines Tages müssen wir bezahlen. Da hilft kein Heulen und kein Zähneklappern, kein Leugnen und kein Winseln um Gnade, denn das Jüngste Gericht ist glashart und unbestechlich, und Gott sieht alles. Er hat nämlich, wie man hört, neuerdings auch den Video-Beweis.

10.05.2018

# GAR NICHT

Ein Käsehobel möge dich in Scheiben schneiden
und Büffelherden soll'n auf deinem Brustkorb weiden
und Riesenraupen sollen dein Gesicht planieren
und Fremdenführer dich in wilde Fremde führen

Dein Erdenleben möge sich als Knast gestalten
    Andrea Nahles soll dir einen Vortrag halten
du mögest dich an einem Regenwurm verschlucken
    und Johann Lafer soll dir in die Suppe spucken

Ein Neonazi soll dich an den Haaren reißen
    und Kannibalen dir in deine Waden beißen
Inspektor Derrick soll dich Tag und Nacht verhören
    und Rapmusik dir deine letzte Ruhe stören

Dein T-Shirt soll sich über deiner Wampe spannen
    man soll dich wie Vergil ans Schwarze Meer
    verbannen
ein Vorschlaghammer soll dir auf die Füße fallen
    der Korken auf dem Sekt soll dir ins Auge knallen

Vergeblich mögest du nach deiner Brille suchen
    urbi et orbi möge dich der Papst verfluchen
Andrea Berg soll dich in einem Lied erwähnen
    Maulsperre sollst du kriegen von zu großem
    Gähnen

All das was du verdienst sollst du auch wirklich kriegen
    beim Sex mit einem Nilpferd sollst du unten liegen
vom Preßlufthämmern sollen dir die Wimpern zucken
    und da wo man nicht kratzen kann soll es dich
    jucken

Was ich dir wünsche läßt sich kaum in Worte fassen
    was dir so passen könnte soll dir niemals passen
ich wünsch dir eine Existenz als Briefbeschwerer
    halt! Noch viel besser: Als Berliner Hauptschullehrer

Du sollst ins Fadenkreuz der NSA geraten
    und nichts von deinen Worten oder deinen Taten
    soll im Gedächtnis oder sonstwie übrig bleiben
    Schindluder möge man mit deinem Namen treiben

Ein Wildschwein möge sich an deiner Schwarte
schubbern
    und Rohypnol in deinem nächsten Cocktail blubbern
ein Käsehobel möge dich in Scheiben schneiden
    ich denke du bemerkst: Dich kann ich gar nicht leiden

12.05.2018

## FRAUEN FÜR TRUMP

Verstrahlte für Atomkraftwerke
    Frauen für Trump
Tote für den Friedensprozeß
    ehrliche Autos
gedieselt gedopt
    den Polen eine polnische SS

Sozis gegen Reichensteuer
    Frauen für Trump
Grüne für mehr Legasthenie
    digitales Mittelalter
Wahnsinn auf Rezept
    Nazis für mehr Demokratie

Frauen für Trump
    Frauen für Trump
den psychotischen Bruder von Forrest Gump
    eine Tracht Prügel hat noch keinem geschadet
Blut macht lebendig
    wenn man drin badet

Islamistischer Faschismus
    Frauen für Trump
Kruzifixe werden aufgehängt
    braungebrannte Diktatoren
Lügen als Beweis
    und ein Schelm wer überhaupt noch denkt

Fremde ab ins Kugellager
    Frauen für Trump
schaut mal wie der Meeresspiegel steigt
    wer nicht kämpft hat schon verloren
doch es siegt nur der
    der beim Töten keine Regung zeigt

Frauen für Trump Frauen für Trump
    die häßliche Fratze der westlichen Welt
dumm wie Badewannenstöpsel peinlich wie - - -
    er selbst
    gnadenlos gewissenlos wie Geld

Erdogan für Redefreiheit
    aber nur für ihn
England für den Untergang im Meer
    Kanzlerinnendämmerung
der Literpreis Benzin
    lockt bereits die ersten Geier her

Frauen für Trump
    Frauen für Trump
liebe Kennedymörder bitte haut ihn zu Klump
    eine Tracht Prügel hat noch keinem geschadet
Blut macht lebendig
    wenn man drin badet

16.05.2018

# ES KLINGELT

Es klingelt. Das soll es nicht. Ich will nicht, daß es klingelt. Ich erwarte niemanden. Ich habe niemanden herbestellt. Niemand ist angemeldet. Es steht nichts im Kalender. Ich will niemanden sehen, den ich nicht erwarte. Das macht mich ärgerlich. Das macht mir Angst. Das kann nur etwas Unangenehmes sein. Eine unangenehme Überraschung. Angenehme Überraschungen gibt es nicht. Angenehmes muß immer erwartet worden sein. Muß immer erwartet werden können. Wie das Heil. Wie die Erlösung. Unangenehmes kommt immer unerwartet. Unangenehmes klingelt. Angenehmes läutet. Wie die Glocken des Sieges, des Friedens, der Freude

Es klingelt ein zweites Mal. Der Bedränger hat Geduld. Der Belästiger gibt nicht so leicht auf. Er atmet mir die Luft weg, die als leichte Brise mein Haus umweht. Er steht zwischen mir und der Sonne. Gut, die Tür auch, aber die Tür stört mich nicht. Ich WILL JA, daß die Tür zwischen mir und der Sonne steht. Aber ich WILL NICHT, daß der Behelliger das tut.

Ich werde nicht öffnen. Ich werde mich ganz still verhalten. Er soll verschwinden, unverrichteter Dinge. Soll er seine zweifelhaften oder gar ekelerregenden Dinge doch anderswo verrichten. Ich brauche nichts. Und ihn, den Bestürmer, schon gar nicht. Ich bin mir selbst genug. Mehr als genug. Ich habe mehr als genug mit mir selbst zu tun. Das ist harte Arbeit. Das ist alles andere als angenehm.

Ganz schön unangenehm kann das werden. So unangenehm, daß es permanent klingelt, tief in mir selbst.

Ach, es ist so lange, so unendlich lange her, daß es tief in mir mal geläutet hat und ich mich geöffnet habe und zu mir gesagt: Herzlich willkommen.

31.05.2018

# DAS BAD IM MEER

Ein Mann und eine Frau verstanden sich nicht mehr gut miteinander. Sie hatten sich nur noch wenig zu sagen. Und das Wenige war nicht freundlich.

Der Mann träumte immer wieder, daß seine Frau als Anhalterin am Straßenrand stand und ihn fragte, ob er nach München fahre. Was er entschieden verneinte. Wobei ihm beim Weiterfahren einfiel, daß sein Auto ein Münchner Kennzeichen hatte, das seine Frau gesehen haben mußte. Die Sache war nur – zumindest im Traum –, daß er tatsächlich nicht nach München fuhr. Im Gegenteil.

Eines Morgens – sie saßen schon wieder einmal stumm und mißmutig hinter ihren Teebechern – sagte die Frau aus heiterem Himmel: „Komm schwimmen." Es klang wie eine Erleuchtung, der ohne jeden Zweifel Folge zu leisten war.

Sie erhoben sich vom Frühstückstisch, zogen sich nackt aus und gingen zur Wohnungstür. Als sie sie öffneten, lag dahinter das Meer. Direkt und ohne Strand. Es begann direkt an der Schwelle. Luftig, durchsichtig, tief und blaugrün. Ein Abschnitt des Meeres, etwa so lang und so breit wie zwei Bahnen im Hallenbad, war links und rechts und am hinteren Ende für den Mann und die Frau mit einer roten Kordel begrenzt.

Sie sprangen hinein – das Wasser war frisch, aber nicht kalt – und begannen zu schwimmen. Den großen, schlanken, glänzenden Leib der Frau betrachtete der Mann mit wachsender Begeisterung. Wie er sich delphinartig durchs Wasser bewegte. Auch die Frau schien wieder Gefallen zu finden an der äußeren Erscheinung des kraulenden Mannes.

Sie schwammen und schwammen. Und ganz wie von selbst begannen sie zu lächeln. Um sie herum sprudelte und blubberte und wisperte es. Lauter kleine Meeresgeister umzogen und umtollten und umgarnten sie, jauchzend, kichernd, Vivat-und-Hoch-sollen-sie-leben-posaunend. Meterweit konnten der Mann und die Frau beim Schwimmen nach unten sehen. Die Meeresgeister spielten in einem rasenden sich überstürzenden und überpurzelnden Karneval Szenen ihres gemeinsamen Lebens nach. Ihre Zeit als Paar. Bis sich das Lächeln von Mann und Frau in ein Schmunzeln verwandelte.

Als sie das Ende des für sie reservierten Meeresabschnitts erreicht hatten, drehten sie um in perfekter Synchronizität und schwammen zurück. Wieder bei ihrer Wohnung angekommen, trockneten sie sich gegenseitig mit strahlend weißen Tüchern ab, küßten sich ein letztes Mal und gingen friedlich auseinander.

25.06.2018

# WÄHREND DES DIKTATS VERREIST

Ich weiß nicht, was ich tue. Ich tue nichts. Es tut sich etwas. Etwas tut sich. Durch mich hindurch mit meiner Hilfe. Etwas bedient sich meiner als Werkzeug. Ich bin ein williges Werkzeug. Mehr nicht. Aber weniger auch nicht. Ich lasse es gerne geschehen. Beobachte das, was sich tut. Und staune.

Etwas benutzt mein Gehirn und meine Hände. Alle meine Sinne. Manchmal sogar meine Haut, indem es Gänsehaut aus ihr macht, um Ideen zu modellieren. Ihnen eine Gestalt zu geben. Ich weiß nicht, wie die in mich hineingekommen sind. Ich weiß nur, daß sie aus mir herauswollen. Durch mich hindurch wie durch einen Schlauch. Durch einen Tunnel. Durch einen Geburtskanal. Strange. Very strange, indeed.

Es ist so, als ob mein Auto MICH fährt. Als ob ich nur die Kohlensäure bin in einem Mineralwasser, das MICH trinkt. Als ob ich durch eine leise Verschiebung meiner Aufmerksamkeit, durch eine kleine wahnsinnige, aber methodische Unachtsamkeit, alles werden kann. Jede Form annehmen. Jeden Aggregatzustand. Alles sein und alles verstehen kann. Allerdings nichts davon ERKLÄREN, weil es sich ja nun mal durch mich hindurch von selbst versteht.

Ich weiß nicht, was ich tue. Ich tue nichts. ICH tue nichts. Es tut sich etwas. Es tut sich ETWAS. Sobald und so lange das im Gange ist, bin ich nicht da. Gibt es mich nicht. Reagiere ich nicht auf meinen Namen. Im Gegensatz zu einem Chef bin ich WÄHREND des Diktats verreist. In seliger Unauffindbarkeit. Aber ich komme immer wieder. Nehme ich jedenfalls an. Obwohl: wer weiß?

04.06.2018

# DIE SCHLIMMSTE GESCHICHTE DER WELT

Auf einer einsamen Insel leben zwei gestrandete Männer. Trinkwasser und Nahrung gibt es genug. Ab und zu fegt ein Taifun ihre Hütte ins Meer, aber eine neue ist schnell gebaut. Längst haben sie aufgehört, den Horizont nach Schiffen abzusuchen. Sie haben sich eingerichtet. Sie haben sich abgefunden.

Nach langem Nachdenken und vielen Versuchen ist es dem einen Mann gelungen, etwas Ähnliches wie Papier herzustellen. Und das in, wie man so sagt, rauhen Mengen. Und er schreibt und schreibt und schreibt. Viel

Zeit vergeht, die ja auf einer einsamen Insel so gut wie keine Rolle spielt. Der andere Mann nimmt von seinem Schreiben keinerlei Notiz. Niemals sprechen sie darüber.

Nach langen ungezählten Jahren, beide sind schon grau und gebeugt, hat der schreibende Mann sein Werk vollendet und bittet den anderen Mann, es zu lesen.

Na gut, sagt der andere Mann. Es sind viele tausend Seiten, und er braucht lange dafür, es zu lesen. Sehr lange.

Was sagst du dazu?, fragt der Schreiber, als der Leser beim letzten Wort angekommen ist. Die ganze Zeit hat er ihn beim Lesen beobachtet und aufmerksam auf sein Gesicht gestarrt.

Was soll ich dazu sagen, antwortet der Leser. Ich kann nichts damit anfangen. Es hat nichts mit mir zu tun. Es geht mich nichts an. Du hättest es genauso gut für dich behalten können.

14.06.2018

# MARCEL PROUST WEISS ES AUCH NICHT

Marcel Proust ist überhaupt nicht gestorben. Wie sollte jemand sterben können, der so wenig gelebt hat?

Er sitzt auf einem der Jupitermonde, bei dem die Wissenschaft zu Recht Wasservorkommen angenommen hat. In einer perfekten kleinen Raumstation, aufrecht wie immer in seinem Doppelbett. Die Wände sind mit Kork verkleidet. Die Lebensmittelvorräte reichen für tausend Jahre oder Gott weiß wie lange. Vielleicht noch länger.

Marcel Proust ist der einzige Mensch auf dieser Welt, umgeben von hundert chinesischen Robotern, die ihm buchstäblich jeden Wunsch von den Augen ablesen. Er schreibt nicht mehr. Er hat ja im wahrsten Sinne des Wortes alles geschrieben, was aufzuschreiben war. Er schwelgt in Bild- und Tonaufzeichnungen aller Menschen, die ihm jemals lieb und teuer waren. Egal, ob er sie erfunden hat oder nicht.

Ab und zu nagt er an einem Bisquit oder nippt an einer Himbeerlimonade. Es geht ihm ausgezeichnet. Eine galaktische Zufriedenheit durchströmt ihn und er ist niemals, niemals einsam.

Wie er dorthin gekommen ist, auf diesen Jupitermond, weiß man genauso wenig, wie, warum er dieses monumentale Werk geschrieben hat. Auf der Suche nach der verlorenen Zeit. Er selbst weiß es auch nicht. Beides.

22.06.2018

# DER SCHALL DER PLATTEN

Nichts liebte er so
    wie Schallplatten

Tausende besaß er
    viele Zehntausende

Er hatte sie alle gehört aber jede
    nur ein einziges Mal

Weil er fest davon überzeugt
    und um nichts in der Welt davon

Abzubringen war
    daß nach dem ersten

Dem einzig möglichen Abspielen
    der Schall verschwunden

Ist
    von den Platten

24.06.2018

# KLEINE WELT WAS NUN

Die USA werden ersticken
    an ihrem eigenen Fett
Fett im Gehirn Fett auf den Rippen
    einfach Fett komplett
Europa wird zersplittern
    bald ist es schon so weit
zu tief der alte Unterschied
    Anspruch und Wirklichkeit
China wird zerbrechen
    überleben wird seine Kultur
doch zweierlei paßt nicht zusammen:
    Dynamik und Diktatur
Südamerika bleibt was es ist:
    Amerikas Hinterhof
es sei denn es kommen viele Allendes
    und finden das zu doof
der ziemlich nahe Osten
    er bleibt ein Pulverfaß
man kann ihm nur viel Regen wünschen
    dann wird das Pulver naß
gut möglich daß Schwarzafrika
    im Mittelmeer ertrinkt
und hungernd der Milliardenrest
    im Wüstensand versinkt
wie kommt es nur daß mich nicht viel
    am großen Rußland stört

ich finde es darf wiederhaben
    was ihm seit je gehört
die Hetze gegen Rußland nervt
    sie heucheln daß es staubt:
Im kalten Krieg war alles besser?
    Idiot wer so was glaubt
ach Japan und Korea erst
    von Indien ganz zu schweigen
nur eins ist klar: Auch dort hängt nicht
    der Himmel voller Geigen
Neuseeland und Australien
    dann noch die beiden Pole
das wär dann im Prinzip die Welt
    vom Scheitel bis zur Sohle
so viel von dieser kleinen Welt
    bei der wir oft so tun
als hätten wir noch zehn im Schrank
    tja kleine Welt
was nun

16.07.2018

# ELTERN

Eltern. Eltern, was war das noch mal? Hatte ich sowas auch? Ach ja, mir dämmert da was. Waren das nicht diese zwei ulkigen Gestalten, die niemals Turnschuhe trugen, die nicht tätowiert waren und die ihr Leben lang dachten, das Telefonieren kommt aus der Schnur?

Die rauchten. Die tranken Alkohol. Die aßen Fleisch. Widerlich. Unvorstellbar.

Und dann hatten die auch noch Verwandte. Andere unglaublich verknitterte Figuren, die schon mit 20 aussahen, als seien sie 70. Abstoßend. Peinlich. Und dann kümmerten die sich auch noch umeinander. Diese Eltern und diese Verwandten. Man besuchte sich gegenseitig. Man REDETE miteinander. Stundenlang.

Was soll man dazu sagen? Was soll man davon halten? Das waren im wahrsten Sinne des Wortes Kreaturen aus einem anderen Jahrtausend. Lebewesen, für die vermutlich der aufrechte Gang noch eine relativ neue Errungenschaft war.

Das ist alles so unendlich lange her. Ich kann mich an keine einzige Besonderheit oder Einzelheit an ihnen erinnern. Außer an ihre unsäglichen Klamotten. An ihren Mottenkugelduft. Klamottenkugelduft.

Aber ich kann mich ja sowieso nur an wenig erinnern. Erinnern ist sowas von Eighties. Wenn mich ein Polizist fragen würde, was ich vorgestern Abend gemacht habe, würde ich einen Lachkrampf kriegen, und der Polizist vermutlich auch, und dann würde er sagen: War nur ein Scherz.

Eltern. Ja ja, Eltern. Mein Gott, was für Opfer. MEIN GOTT, haben die Eltern auch immer gesagt, wenn sie über irgendwas gestaunt haben. Ich frage mich manchmal, wenn auch nicht oft, was das überhaupt bedeuten soll: MEIN GOTT.

17.07.2018

# ALLES MUSS NEU SEIN

Plötzlich – mitten in seiner Darbietung – fing der Seiltänzer an zu schreien. Schreckliche, urgrundtiefe Laute entrangen sich seiner Brust.

„Alles muß neu sein", brüllte er. „Immerzu muß alles neu sein, sonst gilt es nicht. Sonst ist es nichts wert. Sonst existiert es gar nicht. Neu sein müssen, so lautet das Gesetz. Und es ist ein Gesetz ohne Schlupflöcher. Es gibt auch keinen Schleichweg um das Gesetz herum. Selbst die pfiffigsten Halunken, die irgendetwas Altes, Bewährtes, Ehrwürdiges bewahren möchten, beißen sich an dem Gesetz die Zähne aus. Neu zu sein ist unumgehbar. Unvermeidbar. Unausweichlich. Es ist – so lautet ja das Lieblingswort der Gegenwartspolitik – alternativlos. Es führt kein Geheimgang heraus aus dem Zwang, neu zu sein. Denn das ist ja der grässliche Witz der Sache: Dieser Weg wäre auch neu. Und die Regel des Neuseinmüssens kann nichts und niemand brechen, denn – ihr ahnt es schon – dieses Brechen ist ja haargenau das, was die Regel gebietet. Es ist zum Verrücktwerden. Es gibt keinen Ausgang. Es ist eine kosmische Mausefalle, in der im Osten der Käse aufgeht und im Westen unter. Und nie wird er alle, so viel wir auch fressen. Im Gegenteil: Er wird nur immer, immer mehr."

„Ganz recht", flüsterte das leere Zirkuszelt, denn es war keiner gekommen, um dem Seiltänzer zuzusehen. „Genau so ist es, Seiltänzer, und du bist alt, und dein Seil gibt es gar nicht mehr. Hals- und Beinbruch da oben."

Aber es war niemand mehr da. Auch der Seiltänzer nicht.

Nur noch Stille.

18.07.2018

# GEGEND UND HEIMAT

Meine Heimat gibt es nicht mehr, wie sie war. Wie sie einmal war, aber nie für mich. Ich kam zu spät und wurde in den Wind gestreut, wie lebende Asche. Die Gegend, die mir zugedacht war als Heimat, gibt es noch. Fast möchte man sagen: natürlich. Aber nur fast. Sie ist immer noch Heimat für irgendwelche anderen. Immerhin ist sie wenigstens das.

Meine Vorfahren haben Millionen von Heimaten ausgelöscht. Da können sie sich doch eigentlich nicht beklagen, daß man ihre nur zerstört und später umgewidmet hat. Sie taten es aber dennoch. Sie klagten und klagten und begriffen nichts bis wenig. Sie wollten nicht begreifen, gewürgt von den Schlingpflanzen im Schuldgewächshaus.

Über das, was man nicht begreifen will, soll man schweigen. Darüber zu reden ist so ungehörig wie die Gegend, die einmal ihre Heimat war und meine hätte werden sollen, eine ihnen und mir ungehörige Gegend geworden ist. Ihnen und mir nicht mehr zugehörig. Eine Heimat, die jetzt anderen gehört. Was nichts wiedergutmachen kann von dem, was nicht wiedergutzumachen ist. Für niemanden. Nicht für die Ermordeten. Nicht für die nur Gestorbenen. Nicht für die am Leben Gebliebenen. Und nicht für die ins Leben Gekommenen.

ES IST NUR EINFACH SO, wie es geworden ist. Nur daß es NATÜRLICH nicht EINFACH ist, sondern kompliziert. Noch auf lange Sicht und womöglich für immer.

Meine Heimat gibt es nicht. Ich habe niemals eine Heimat gehabt und werde auch nie eine haben. Aber ich beklage mich nicht. Oder wenn, dann nur leise und nicht ohne Scham, denn immerhin hatte und habe ich ja ein Leben. Das kann nicht jeder von sich sagen. Jedenfalls nicht die, deren Mund zu Asche wurde.

26.07.2018

# FREUNDCHEN

Wenn du anfängst dir CDs zu kaufen, die du gar nicht hören willst, nur aus Mitleid mit einem aussterbenden Medium. Oder wenn du in Erwägung ziehst, SPD zu wählen, zumindest bei der nächsten Landtagswahl. Dann wird es ernst, Freundchen. Dann solltest du aufpassen.

Dann fühlst du dich bald von jeder Wasserstandsmeldung über den Gesundheitszustand der Deutschen persönlich angesprochen. Trinkst täglich die von Ärzten empfohlenen drei Liter, ohne darauf zu achten, was dann deine Prostata nächtlich mit dir veranstaltet. Dann schaltest du bei Fußballübertragungen im Ersten immer wieder zwischendurch aufs Zweite um, wo die „Traumschiff"-Wiederholungen laufen. Dann steckst du dir in einem unbeobachteten Moment die Broschüre über vegane Ernährung in die Tasche, die in der Sparkasse ausliegt.

Vorsicht, Freundchen. Kühlen Kopf bewahren. Die Nerven behalten. Jetzt nicht durchdrehen. Jetzt nicht die Flinte ins Korn werfen. Jetzt wäre eigentlich der ideale Zeitpunkt, auch zu Hause auf dem Sofa italienische Lederhalbschuhe zu tragen, wie das fast alle Männer in Filmen tun. Statt Birkenstocksandalen oder Flip Flops.

Aufdrehen, Freundchen. Gas geben. Voll durchstarten. Jetzt nur nicht nachlassen, schlabbrig werden, lustlos und ungenau. Sonst schaust du bald das ZDF-Vorabendprogramm nicht wegen der SOKOs von Wismar bis

Kitzbühel, sondern wegen der Werbung für Tebonin und Treppenlifte. Oder der, wo eine gut erhaltene Siebzigjährige beim Strandspaziergang mit Greis und Golden Retriever zu ihrer Rheumasalbe Doc sagt: „Doc, ich liebe dich."

Und dann schaust du in deinen Ausweis, um nachzusehen, ob du tatsächlich so alt bist, wie du dich BISHER noch nicht gefühlt hast. Und da steht als dein dritter Vorname plötzlich tatsächlich Doc. Dann laß alles stehen und liegen, Freundchen. Geh Zigaretten holen und komm nie wieder.

31.07.2018

# WIE WOLLEN WIR LEBEN

Wie wollen wir leben
    wie wollen wir sein
sympathisch empathisch
    oder gierig gemein
und was soll bestimmen
    was mit uns geschieht
der Wunsch daß es gut ist
    oder Zwang zum Profit

Ist der der teure Autos baut
    tatsächlich viel mehr wert
als der der alte Menschen pflegt

da läuft doch was verkehrt
und wer die Kinder Rechnen lehrt
und auch das ABC
wird abgespeist mit Hungerlohn
so knapp das tut schon weh

Wie wollen wir leben
wofür und wozu
zählt denn nur noch das Ich
gibt es niemals ein Du
sind wir niemals mehr Wir
solidarisch und froh
finden alle sich ab
tja das ist eben so

Das fiel doch nicht vom Himmel nein
das hat der Mensch gemacht
das könnte auch ganz anders sein
und leichter als gedacht
daß alles aus dem Ruder läuft
ist simpel zu verstehen
doch mancher will nur scheugeklappt
das was er möchte sehen

Wie wollen wir leben
und was tut uns gut
die Fragen sind einfach
die Antwort braucht Mut

denn so wie es jetzt ist
geht die Welt vor den Hund
ein Umsturz ist nötig
nehmt kein Blatt vor den Mund

Ein anderes Leben
wirklich fundamental
eine menschliche Ordnung
humanradikal

13.08.2018

# DAS WIRD SCHÖN

Eines – wenn alles so weitergeht – gar nicht mehr fernen Tages werden wir gar nicht mehr arbeiten müssen.

Das wird schön. Maschinen, Apparate, Roboter, Cyborgs werden alles für uns erledigen. Einfach alles. Dann müssen wir gar nichts mehr lernen.

Lernen ist lästig. Denn dann müssen wir ja auch gar nichts mehr können.

Können ist anstrengend. Sicher vermittelt es uns eine gewisse Befriedigung, wenn wir etwas können. Aber das ist immer mit einem nicht unbeträchtlichen Kraftaufwand geistiger oder körperlicher Art verbunden. Und das streßt. Und ist doch gar nicht mehr nötig. Wir können uns doch alles abnehmen lassen und uns räkeln rund um die

Uhr. In epochaler Faulheit. In totaler Tätigkeitsabstinenz. Während die Maschinen, Apparate, Roboter, Cyborgs emsig und fleißig surren und brummen, rackern und schuften.

Das wird schön. Niemand kann mehr irgendwas. Niemand weiß mehr irgendwas. Niemand macht mehr einen Finger krumm. Oder einen krummen Finger gerade. Letzten Endes führt das dann dazu, daß auch niemand mehr überhaupt irgendwas will. Nicht mal Sex. Das wird alles vollautomatisch geregelt. Und somit nähern wir uns unaufhaltsam dem Ziel des buddhistischen Nirwanas.

Das wird schön. Von der Wiege bis zur Bahre üben wir uns im anspruchslosen, nichts erstrebenden, nichts befürchtenden und nichts hoffenden Nicht-Sein. Kannst du was, dann hast du was. Hast du was, dann bist du was. Und tust du nichts, dann wirst du nichts. So hieß es früher.

Das war einmal. Morgen heißt es: Tue nichts, könne nichts, wisse nichts. Dann bist du so gut wie nie geworden und so schlecht wie nie gewesen. Der Mensch gibt die Krone der Schöpfung zurück. Sie ist ihm zu schwer. Er dankt freiwillig ab. Danke, das war's.

Oh Mann, wird das schön.

15.08.2018

# EINSIEDLERKREBSE

Einsiedlerkrebse haben wenigstens keine Schere
    im Kopf
natürlich wissen sie nicht
    was für einen sympathischen Namen sie haben
aber das müssen sie ja auch nicht
    sie benötigen schließlich keinerlei Sprache
sie wollen sich ja gar nicht untereinander verständigen
    Gedankenaustausch was für ein Blödsinn
es handelt sich ja schließlich
    um Einsiedlerkrebse

Da blubbert im Schlick
    ein einsames Glück
unverständlich für uns
    den menschlichen Plebs
so ein Einsiedlerkrebs
    so ein Einsiedlerkrebs
sie wollen krabbeln krabbeln krabbeln
    und nicht sabbeln sabbeln sabbeln
trinke ein Glas
    sag Prost und erheb's
auf den Einsiedlerkrebs
    auf den Einsiedlerkrebs

Ein Lob der Selbstgenügsamkeit
    der frommen Schicksalsfügsamkeit

ein vorbildliches Schalentier
    daran ein Beispiel nehm ich mir
nicht brauchen sie Geschwader
    nicht Herde oder Schwarm
ein jeder ist Individualist
    und wird mit anderen nicht warm
und fühlt sich in der Masse arm
    das hat doch wirklich Charme

Der Herrgott als er Krebse machte
    sah dieses Tier und sprach und lachte:
Du willst dein Leben also so
    dann leb's
du bist nicht stur
    du bist halt nur
ein eingefleischter Einzelgängerkrebs

Doch hin und wieder denke ich
    er meinte damit gar nicht dich
er meinte eher
    mich

23.08.2018

# NICHTS GEGEN SPANIER

Ich habe nichts gegen Spanier. Aber Kampfstiere sollten Spielverderber sein. Mit verächtlichem Schnauben sollten sie sich weigern, den Regeln, die man über sie verhängt hat, Genüge zu tun. Gespickt mit den Lanzen der Zutreiber wie ein kraftstrotzendes gehörntes Spanferkel – was sie kaum weiter juckt, höchstens ein wenig kitzelt – sollten sie mit blutunterlaufenen Augen zu der schönen Donna hinaufschauen, die dem Torero schmachtende Blicke zuwirft, Blicke, die ihm alles versprechen, was ein Torero sich wünschen kann für eine Nacht, und der Donna mit ihrem trotzigen Stierblick zu verstehen geben: Da wird nichts draus, du Morddirne.

Und dann sollten sie sich auf den Torero stürzen, ihn gefühlvoll auf die Hörner nehmen, behutsam in die Luft werfen, ihn sanft auf ihrem Rücken landen lassen und gemeinsam mit ihm wie Roß und Reiter in triumphalem Trab und unter dem ungläubigen Staunen aller Zuschauer die Arena verlassen, um einen unvergeßlichen sodomitischen Liebesabend miteinander zu verbringen. Denn ja, der Torero hat im Augenblick seines Aufgespießtwerdens seine wahre Zuneigung erkannt. Und nein, die gehört nicht der Donna.

Wie gesagt: Ich habe nichts gegen Spanier. Aber so hätte ich noch mehr für sie.

23.08.2018

# UNTER DEM GEWICHT DER LÜGEN

Unter dem Gewicht der Lügen
    werden sich die Balken biegen
bis sie eines Tages brechen
    so viel kann ich euch versprechen

Köpfe in den Sand zu stecken
    heißt: Wir müssen Wüste schmecken
die ist trocken und nicht nahrhaft
    und nichts weniger als wahrhaft

Scheugeklappt durchs Leben traben
    läßt uns gute Laune haben
weil man nicht das Elend sieht
    das am Straßenrand geschieht

Unter dem Gewicht der Lügen
    muß man Haltungsschäden kriegen
wird der Rücken schief und krumm
    und der Schädelinhalt dumm

Fünfe gerade sein zu lassen
    tun nur die die's Rechnen hassen
richtig rechnen das ist schwer
    kann ja eh bald keiner mehr

Mal ein Auge zuzudrücken
    kann Zyklopen nicht beglücken
keep your both eyes always open
    sonst wird jeder zum Zyklopen

Unter dem Gewicht der Lügen
    wird aus angeblichen Siegen
nur ein Matsch von Niederlagen
    jeder muß die Folgen tragen

Über dünnes Eis zu kufen
    und danach um Hilfe rufen
ist wie Rufen in den Wald
    beide läßt das Rufen kalt

Fakten sind nicht gern gesehen
    weil sie auf die Nerven gehen
werden nicht für voll genommen
    wenn sie nicht gelegen kommen

Im Vergleich mit allen Lügen
    muß die Wahrheit schwerer wiegen
dies ist das Gebot der Stunde
    sonst geht alles vor die Hunde

29.08.2018

# ARMES KIND

Das Kind, das entdeckt hat, daß der Kaiser nackt ist, hat nicht geahnt, was es mit seiner Entdeckung angerichtet hat. Denn es hat ein für alle Mal allen Mächtigen den Boden unter den Füßen weggezogen. Seine Erkenntnis, daß die Macht letzten Endes dumm ist, dumm und lächerlich, und auf die Spitze getrieben der Selbstbelügung zum Opfer fällt, war reines Dynamit.

Und das wird seitdem wieder und wieder dem Kind zum Verhängnis, denn die Mächtigen allerorten billigen ihm nicht zu, daß es im Schutzraum des Märchens gesprochen hat. Sie nehmen das Märchen jetzt ernst, so ernst, wie es auch tatsächlich genommen sein will, und verfolgen dieses kluge Kind. Knebeln es. Mißhandeln es. Mißbrauchen es. Bringen es um, egal wo es auftaucht.

Zwar ist das Kind mißtrauischer geworden. Vorsichtiger als vielfach gebranntes. Aber gegen das monumentale Mißtrauen der Mächtigen gegen die Wahrheit kommt es nicht an. Und so wird dem Kind seine Wahrheitsliebe in alle Richtungen, sein unstillbares Bedürfnis, den Schleier der Lügen zu zerreißen, Licht anzuzünden im finsteren Stall der gleichgültigen stumpfen Herde, immer wieder zum Verhängnis.

Wenn es sagt: „Es ist nicht in Ordnung, daß ein Prozent der Menschheit mehr Geld hat als die anderen 99 Prozent."

Wenn es sagt: „Es kann doch nicht sein, daß ein tollwütiger, sexistischer, rassistischer Irrer im Weißen Haus sitzt."

Wenn es sagt: „Wer bei uns leben will und sich nicht an unsere Spielregeln hält, ja, diese Spielregeln sogar zerstören will, hat hier nichts zu suchen."

Wenn es sagt: „Wir können nicht alle Menschen, denen es bedauerlicherweise schlecht geht, hier bei uns aufnehmen, weil wir dann zuerst im Bürgerkrieg landen und zuletzt die Gutmenschen in neuen KZs der Schlechtmenschen."

Also wenn es die Wahrheit sagt, die Wahrheit und nichts als die Wahrheit, nach bestem Wissen und Gewissen, dann wird es tot gemacht, erst mundtot und irgendwann ganz tot.

Armes Kind.

Armes, armes Kind.

03.09.2018

# LACKIERTE NÄGEL

Lauter fremde Frauen sprechen mich an auf der Straße. „Sie haben da einen losen Knopf an Ihrem Jackett", sagen sie.

Das stimmt überhaupt nicht. Das ist überhaupt nicht wahr. Sie scheinen alle etwas von mir zu wollen. Wenn ich nur wüßte, was. Ich habe Angst, falsch zu reagieren. Also sage ich nur: „Oh. Danke für den Hinweis." Und habe mein Leben schon wieder um eine Notlüge vermehrt. Schrecklich. So wird man immer schmutziger. Immer erbärmlicher. Immer unwürdiger. Mittlerweile träume ich schon von losen Knöpfen. Dieser Traum hat den von den aus dem Mund fallenden Zähnen abgelöst.

Warum ist nur so vieles unklar im Leben? Und anderes dagegen falsch eindeutig. Ich hätte zum Beispiel gerne lackierte Fuß- und Fingernägel. Ich fände das schön. Aber ich mache es nicht, weil ich nicht als gleichgeschlechtlich orientiert wahrgenommen werden möchte. Was ich ja auch nicht bin. Und ich habe sie einfach nicht, diese Hipsterkraft, diese Trendsetterkraft, meine Vorliebe wie ein Pionier und gegen alle möglichen Mißverständnisse auszuleben und durchzusetzen, bis sie Schule macht.

Mein Selbstbewußtsein ist in einem deplorablen Zustand. Genau wie meine Handschrift. Ich bin ein altes spätrömisches Reich. Ich lasse mich überfluten von fremden Ideen und Einflüssen, von denen ich im Handumdrehen überzeugt bin, daß sie auf meinem eigenen Mist gewachsen sind, auf dem so gut wie gar nichts wächst. Das weiß ich.

Ich bin analerotisch prädestiniert für feindliche Übernahmen, wenn sie nicht allzu freundlich daherkommen. Ich mache es gerne jedem recht. Fremden Frauen. Losen Knöpfen. Nur meinen Fuß- und Fingernägeln nicht. Die müssen blaßrosa bleiben und unbefriedigt. Gegen meinen Willen. Oder das, was davon noch übrig ist.

Es ist beunruhigend, an was für kleinen Dingen die Freiheit scheitern kann. Manchmal schon an lackierten Nägeln.

06.09.2018

# NIEDER MIT DEN ABWEICHLERINNEN

Wir müssen in Zukunft stärker darauf achten, was unsere Frauen machen. Das hätten wir schon längst tun sollen. Da haben wir eine Menge versäumt. Zum Beispiel beim Wählen. Wir müssen ab sofort darauf bestehen – wenn nötig gewaltsam –, daß unsere Frauen uns ihren Wahlzettel zeigen, bevor sie ihn in die Urne werfen. Damit sie keinen Unsinn verzapfen. Damit Schlimmstes verhindert werden kann. Damit abweichendes Denken im Keim erstickt wird.

Überhaupt müssen wir dem Begriff des Abweichenden endlich wieder die ihm zustehende Geltung verschaffen. Was natürlich heißen soll: Ächtung. Abweichendes Denken, abweichendes Verhalten müssen endlich wieder sozial sanktioniert werden. Will sagen: bestraft. Und zwar drakonisch.

Es bietet sich uns heute die einmalige, vielleicht historisch letzte Chance, gemeinsam im Bündnis mit allen rückwärts fortschreitenden Kräften das Rad der Geschichte anzuhalten und die Richtung seines Laufs um

180 Grad zu korrigieren. Die Aufklärung war ein Irrtum. Und die Emanzipation ihr verkrüppeltes Kind. Weg damit. Vertilgen. Auslöschen. Dann wird alles wieder schön. Dann wird alles wieder gut. Heidschi Bum Beidschi Bum Bumm. Dann bleibt die Kirche im Dorf. Die Moschee in der Oase. Und der Medizinmann im heiligen Kral. Dann kriegt das Kreuz wieder Haken. Und der Halbmond noch mehr Sichelschärfe.

Halleluja! Hosianna! Holladriho und Sieg Heil! Das Glück dieser Erde liegt auf dem Rücken der Frauen. Jesus und Mohammed waren Männer. Hitler und Stalin auch. Das muß doch was zu bedeuten haben. Das kann doch kein Zufall sein. Demokratie ist was für Mädchen. Aber der Globus ist kein Frauenfußball. Laß das mal den Vati machen. O Mann, wird das schön. Wird das gemütlich. Ich freu mich. I frei mi. Kruzitürken noch amol.

07.09.2018

# ÜBERMORGEN IST WELTUNTERGANG

Übermorgen ist Weltuntergang
    sie löst sich auf in Luft
es bleibt von ihr nur ein süßer Gestank
    oder meinetwegen auch Duft

Ist ja keiner mehr da der ihn einatmen kann
    und uns davon berichten
es klopft übermorgen der Untergang an
    das Ende aller Geschichten

Die Nachricht wurde gut aufgenommen
    die meisten sind einverstanden
es mußte ja irgendwann mal so kommen
    das war's was wir lang schon empfanden

Der Ordentliche bezahlt seine Schulden
    der Unordentliche schreibt an
weil ja bald schon kein Heller geschweige denn Gulden
    mehr einkassiert werden kann

Und jeder Bereite ist paarungsbereit
    und jede Willige willig
denn angesichts der verbleibenden Zeit
    erscheint das nur recht und billig

Fabriken Büros und Behörden sind leer
    der Alkohol fließt in Strömen
die Stimmung ist heiter wie Urlaub am Meer
    sogar in Mähren und Böhmen

Soldaten schießen ihr Kriegszeug zu Schrott
    und alle sind Kameraden
die Dichter verspritzen zum letzten Mal Spott
    es kann ja keinem mehr schaden

Politiker nageln sich Döner ans Knie
    und Priester Frikadellen
denn niemand wird es mehr hinkriegen sie
    noch vor Gericht zu stellen

Übermorgen ist Weltuntergang
    Hollahi auf den billigen Plätzen
sie war lange schon krank
    also ab mit Gesang
ihre Lücke wird sie ersetzen

20.09.2018

## WEIL MAN VERNÜNFTIG IST

Warum fängt man eigentlich irgendwann an, auf sich zu achten? Sich einzuschränken. Zu verzichten. Sich zu schonen. Warum lebt man nicht weiter im vierten Vollgas-Gang, wenn man über die zu erwartende Lebensmitte hinaus ist?

Die Antwort ist einfach und doch unendlich kompliziert, weil sie eigentlich nichts erklärt: WEIL MAN VERNÜNFTIG IST (oder im Lauf der Zeit wird). Aber wozu? Weswegen? Was hat man denn von dieser Vernunft? Sie läßt einen klar und nüchtern miterleben, wie man trotz seiner Ansätze von Askese immer baufälliger wird. Brüchiger.

Zerbrechlicher. Beschädigter. Und zwar unaufhaltsam und durch keinerlei Genußentbehrung zu verhindern.

Also, warum raucht man nicht Kette, bis man sich auflöst in blauem Dunst? Warum stürzt man sich nicht in die Ozeane von Wein, Schnaps und Bier und versucht, sie bis zur Neige leer zu saufen? Und warum nimmt man keine Drogen, um die langweiligen normalen drei Dimensionen hinter sich zu lassen und es sich in der vierten gemütlich und unsichtbar einzurichten? WEIL MAN VERNÜNFTIG IST.

Man schlabbert grünen Tee. Man knabbert Kürbiskerne, bis man sich entgiftet hineingesabbert hat in die Pflegestufe IV. Bis die Verwandten, wenn man welche hat, die Monate zählen. Die Wochen. Die Tage. Die Stunden, die man ihnen noch auf die Nerven geht, bis der letzte Rest von Menschenwürde sich aufgelöst hat wie der Zucker, mit dem man sich den grünen Tee halbwegs erträglich machen wollte.

Ist es das wert? Hat man nicht was Besseres verdient als diese kleinkarierte, mißgünstige, verklemmte, verhärmte Vernunft? Doch. Hat man. Das ist die wahre, die schwierige, die unbequeme Antwort.

Aber mit dem Sterben ist es wie mit dem Leben: Kaum einer kriegt das, was er verdient. Und deswegen, Herrschaften, kann ich gar nicht anders, als an einen Gott zu glauben. Denn ich will nach dem Ende hier woanders eine Belohnung haben. Ich finde, sie steht uns zu.

23.09.2018

# EINIGEN WIR UNS SO

Also immer mit der Ruhe. Eins nach dem andern. Erst einatmen, dann ausatmen. Andersrum macht es wenig Sinn. Erst rein, dann raus. Andersrum macht es keinen Spaß. Erst aufbauen, dann kaputtschlagen. Andersrum geht es auch, ist aber pubertär oder US-amerikanisch. Erst krank werden, dann geheilt werden. Oder noch besser: einfach gesund sein und bleiben. Erst das eine Bein, dann das andere Bein. Natürlich kann man auch hüpfen oder kriechen. Manche behaupten sogar, sie könnten schweben. Aber das mit den zwei Beinen hat sich im allgemeinen bewährt.

Und schon geraten wir an die Grenzen des zwielichtiges Bereichs, wo es schwierig wird. Wo man Entscheidungen treffen muß. Wo Geschmackssache und Notwendigkeit sich die Waage halten. Soll man nun erst die Zähne putzen und dann essen? Oder umgekehrt. Soll man gleich eine Meinung haben über ein Buch und es danach lesen? Oder soll man es gar nicht lesen und dennoch eine unumstößliche, durch nichts, auch nicht durch die Wahrheit zu erschütternde Meinung haben? Manche angeblich wichtigen und angeblich intellektuellen Leute bevorzugen Letzteres. Und sie werden immer mehr. Was freilich nicht viel besagen will, denn die Idioten werden ja auch immer mehr. Was vielleicht letzten Endes ein und dasselbe ist. Soll man erst nichts tun und dann überlegen, wie die Bundesregierung, oder dann überlegen und auch nichts tun, wie ebenfalls die Bundesregierung, oder erst was tun und das Überlegen hat sich dann erledigt? Also erst schießen und dann auch nicht mehr fragen müssen.

Fragen über Fragen, die weit über den privaten Tellerrand hinausreichen. Die vielen Menschen viel zu komplex sind. Weswegen sie nur noch auf den eigenen Teller starren und wenigstens dort für unerbittliche Korrektheit sorgen. Veganer werden. Oder Frutarier. Oder vielleicht bald schon Luft-Esser (gefiltert natürlich).

Wie dem auch sei: Die meisten verstehen unter Demokratie das Finden des kleinsten, banalsten gemeinsamen Nenners. Also einatmen, ausatmen. Rein, raus. Reich und gesund statt arm und krank. Einigen wir uns so, okay? Super!

04.10.2018

## DAS KANN SCHON PASSIEREN

Das kann schon passieren
    daß einer am Meer sitzt
und er schaut
    und er schaut

Ohne sich zu bewegen
    und das Salz sprüht wie Regen
auf die Haut
    auf die Haut

Das Meer
    ist Meer
und er
    ist er

Und der Wind
    der weht
und die Zeit
    vergeht

Und der Wind
    vergeht
und die Zeit
    verweht

Das Meer
    ist er
und er
    ist Meer

Das kann schon
    passieren
daß keiner
    am Meer sitzt

05.10.2018

# DONALD UND BRETT

„Hi, Brett. Na, mein Sohn, wie hab ich das gemacht mit dem Richterjob?“

„Phantastisch, Mister President. Ich weiß gar nicht, was ich sagen soll, Sir.“

„Fuck das FBI. Fuck den Senat. Fuck die Lügenpresse. Die gekauften Schlampen. Und deine sechshundert Daumen-runter-Kollegen. Hähähä.“

„Kolossal, Mister President. Ich werde Ihnen ewig dankbar sein, Sir.“

„Das will ich auch hoffen, mein Sohn. Ewig und noch ein bißchen länger, wenn ich bitten darf. Das habe ich ja wohl verdient. Der größte Präsident seit Adolf... seit George Washington.“

„Absolut, Mister President. Ohne jeden Zweifel, Sir.“

„Und du versprichst mir, du wirst richtig schön draufhauen auf alle Schweinehunde, hier in Gottes eigenem Land.“

„Aber ja, Sir, versprochen, Mister President.“

„Auf die Latinos. Auf die Schlitzaugen. Auf die Nigger.“

„Selbstverständlich, Sir.“

„Auf die Juden, wenn sie frech werden. Auf die gottverdammten Moslems. Und ganz besonders auf die Demokraten.“

„Klar, Mister President, läuft.“

„Sehr gut, mein Sohn. ‚Mach sie fertig, so wie die Indianer, nur dann bist du ein echter Amerikaner.‘“

„Der war gut, Sir. Den muß ich mir notieren."

„Mach das, mein Sohn, mach das. Du kannst noch viel lernen von mir. Ich hab noch mehr davon. Aber jetzt mal im Ernst und unter uns, Brettyboy, mir kannst du es ja sagen: Hast du die geilen Alten nun gebürstet oder nicht? Hast du sie genagelt? Hast du sie ordentlich durchgebumst? Hast du ihnen deine Freiheitsstatue gezeigt?"

„Mister President, ich bin froh, daß ich hier und jetzt und unter vier Augen klipp und klar erklären und beschwören kann: Alle Anschuldigungen sind vollkommen haltlos. Ich habe niemals eine Frau unsittlich begehrt oder berührt. Außer meine eigene. Zweimal. Resultat: zwei Töchter. Und auch das selbstverständlich nicht voreehelich."

„Ach du lieber Himmel! Das enttäuscht mich, mein Sohn. Das hätte ich nun wirklich nicht von dir gedacht. Ich dachte, wir verstehen uns, wir beide. Shit, shit, shit. Die Audienz ist beendet. Arschloch. Weichei. Raus!"

08.10.2018

# IM GLASHAUS

Wer im Glashaus sitzt, das weiß man, sollte nicht mit Steinen werfen. Ansonsten hat er es hübsch hell und einen prima Ausblick. Den er freilich damit bezahlt, daß alle Außenstehenden auch einen prima Einblick haben. Auf ihn.

Im Glashaus läßt sich nichts verbergen. Kein Gang aufs Klo. Kein Nasepopeln. Kein Sex. Es sei denn, man verhüllt alles mit Vorhängen. Aber das ist erstens unsportlich und beraubt zweitens das Glashaus seines Sinns

Nein, nein, ein Glashaus ist nun einmal die zur Form geronnene Transparenz. Die Gestalt gewordene Offenheit. DIE NACKTE TATSACHE. Unparteiisch. Erbarmungslos aufgeklärt wie die Wahrheit der Moralisten. Sehr beeindruckend. Sehr konsequent. Aber auf Dauer genauso wenig aushaltbar und lebbar wie das Existieren in Schutzanzügen in einem sterilen Labor.

Das Glashaus gehört zu den Dingen, die man durchaus anstreben, aber niemals erreichen sollte. Und wenn man das Pech hat, daß das Bemühen gelingt und Früchte trägt, also wenn man irgendwann tatsächlich im vollendeten Glashaus sitzt, dann gibt es nur eines: unbedingt und sofort mit Steinen werfen.

Aber wir haben leicht reden, wir, die wir im Kartenhaus sitzen und nicht einmal ungestraft niesen dürfen.

12.10.2018

# UNFERTIG

Die Handwerker lassen die Gerüste stehen, wenn das Haus neu verputzt ist. Die Straßenarbeiter lassen die Schilder mit den Geschwindigkeitsbegrenzungen stehen, wenn der dreispurige Ausbau des Autobahnabschnitts beendet ist. Die Studienräte lassen die Rechtschreibfehler stehen in den Abiturarbeiten, weil sie gar nicht wissen, wo sie den Rotstift ansetzen sollen angesichts solcher Millionen von Fehlern. Die Zahnärzte lassen die Wattebäusche stecken in den Mündern ihrer Patienten, damit alle Menschen so schlecht sprechen wie junge Schauspieler. Die letzten verbliebenen Hausfrauen lassen die Unterwäsche hängen auf den Leinen, bis das ganze Land aussieht, als ob es vor irgendwas kapituliert.

Was ja auch stimmt. Was ja auch zutrifft. Was ja überhaupt nicht mehr geleugnet werden kann. Außer von Politikern. Diesen breitmäuligen Karnevalistinnen und schmallippigen Miesepetern. Das Land löst sich auf in winzige Grüppchen. Jüdische Briefmarkensammler. Schwule Veganer. Einbeinige Fußballspieler. Neue Nazis würden kaum noch genug zum Beherrschen finden. Ein schwarzuniformierter Obergrüppchenführer macht ja nun wirklich nicht viel Sinn.

Die ersten Neugeborenen mit Displays anstelle von Gesichtern sollen aufgetaucht sein. Es wird nichts mehr richtig fertig. Die Menschen haben den Glauben ans Fertigwerden verloren. Das Leben auf Erden wird zur globalen italienischen Dauerimprovisation. Der Stuttgarter Hauptbahnhof wird in „Stuttgart 3021“ umbenannt. Und bis der Berliner Hauptstadtflughafen eröffnet wird, könnte angesichts der politischen Entwicklung sein Name nicht mehr Willy Brandt, sondern Adolf Hitler lauten. Oder gleich Bernd Höcke.

Etwas Fertiges, etwas Perfektes in sich Abgeschlossenes, das wäre ja Gott. Und an den glauben wir ja auch nicht mehr. Außer wir sind Moslems. Die haben das große Zweifeln noch vor sich. Wenn das einmal einreißt, ist es nie wiedergutzumachen. Oder wie der größte Theologe der westlichen Welt, Paul McCartney, sagt: „Ein Soufflee kann man nicht aufwärmen.“

12.10.2018

# SCHLIMM KOMMEN

Es wird bestimmt nicht so schlimm kommen, wie es wird. Ganz bestimmt. Ganz bestimmt nicht. Es kann doch gar nicht so schlimm kommen, wie es kommen wird. So unvorstellbar schlimm. Das ist doch einfach unvorstellbar, daß es tatsächlich so schlimm kommen wird, wie es wird. Und deswegen wird es auch nicht so schlimm, wie es kommen wird, kommen. Ganz bestimmt nicht. Ganz bestimmt.

Wollen wir jedenfalls hoffen. Ganz stark hoffen wollen wir das. Denn es ist doch schließlich noch nie so schlimm gekommen, wie es kommen sollte. Jedenfalls nicht ganz. Oder zumindest nicht so bald. Es hat sich doch bisher noch immer herausgestellt, daß die Welt noch viel, viel mehr aushalten kann, als wir ihr zumuten, als wir ihr antun. Die Welt ist einfach phantastisch belastbar. Es ist absolut sensationell, wie schwer sie kaputtzukriegen ist, obwohl wir uns doch nun wirklich alle Mühe geben, sie zu zerstören, sie zu vernichten, sie auszulöschen.

Ist schon ein Pfundskerl, diese gute alte Welt. Das muß man ihr wirklich lassen. Von dieser Welt können sich mal alle eine Scheibe abschneiden. Diese Welt geht uns mit gutem Beispiel voran. In den Untergang. Das hat Stil. Das hat Haltung.

Diese Welt hält für uns tatsächlich immer noch letzte Krümel von Zuversicht bereit. Vergebliche Zuversicht natürlich, das wissen wir. Das ist uns vollkommen klar. Zumindest in unseren lichten Momenten, den wenigen. In den anderen, den dunklen Momenten, setzen wir uns unsere gedankliche Pudelmütze auf. Nur Mut, Freunde. Noch ist Herbst 44 und nicht Mai 45. Und es wird ganz ganz, ganz bestimmt nicht so schlimm kommen, wie es kommen wird.

Es wird das Amen in der Kirche sein, das ausbleibt, weil keine Kirche mehr da ist.

Halb so schlimm.

16.10.2018

# SCHLUSS SEIN

Es muß doch irgendwann mal Schluß sein. Nein, muß es nicht. Nein, muß es nicht. Wer sagt denn das? Und wer sagt das warum und mit welchem Recht überhaupt? Es muß nicht irgendwann mal Schluß sein. Es könnte doch auch ewig weitergehen. Warum denn nicht?

O Mann, niemand in der Nähe den ich beschimpfen könnte. Das ist perfide. Niemand in der Nähe, der mir Anlaß gibt, beleidigt zu sein. Das ist ungeheuerlich. Was mach ich denn jetzt? Ich will doch mein Unrechthaben wie Wasser in Wein verwandeln. Dafür brauche ich Zuschauer. Zuschauer, die daran zweifeln, was ich vorhabe, und die ich dafür verteufeln kann. Denn es könnte doch auch ewig so weitergehen. So oder anders. Irgendwie jedenfalls. Die Einzelheiten klären wir später.

Hauptsache ist doch, daß nicht irgendwann mal Schluß sein muß. Pah. Eine Überzeugung von Waschlappen. Leisetretern. Feiglingen. Es geht doch gerade erst richtig los, oder es ist zumindest noch in vollem Gange, wenn man es mit einem zugedrückten Auge betrachtet.

Nun habt euch mal nicht so. Nun stellt euch nicht so an, ihr Mädchen. Ihr Weicheier. Ihr Schlappschwänze ohne Sinnreservoir im Präservativ. Ihr seid nämlich weder konservativ noch progressiv. Ihr seid präservativ. Ihr seid praktizierende Zukunftsverhüter. Ihr treibt eine Zukunft ab, von der ihr nicht mal schwanger seid. Zum Speien seid ihr.

Irgendwie habt ihr mich schon ein bißchen angesteckt mit eurem Pessimismus.

Als Soldat des Pessimismus KANN man erschossen werden. Aber als Deserteur des Pessimismus WIRD man erschossen. Definitiv. Irgendein durchgeknallter Amokläufer findet euch, euch Fußvolk der Kleingläubigkeit, und verewigt euch auf seine schäbige, halbgare Weise als Kanonenfutter für seine billigen Allmachtsphantasien und als Studentenfutter für die akademischen gutmenschlichen Jungbarbaren der Gegenwart, die alles erklären, aber nichts begreifen können.

Nein, so wahr mir Gott und Teufel helfen: Mit gar nichts muß irgendwann Schluß sein. Außer mit euch.

18.10.2018

# ICH BIN EIN STAR

Es ist unglaublich schwer ein Star zu sein
man badet im Beifall
man schwimmt im Geld
vom Sex ist man ausgepumpt
mit Drogen ist man vollgepumpt
und es ist einsam
so einsam an der Spitze
nein ehrlich

ich mache keine Witze
    man wird geliebt von Millionen
doch innerlich
    ganz tief drinnen ist es kalt
so kalt
    und der Blick in den Spiegel macht alt
und man hat sich nicht in der Gewalt
    nicht manchmal aber oft
denn man ist doch nie so einzig wie erhofft
    ja man ist das ganz auf eigene Gefahr:
Ein Star
    ich bin ein Star
lach mich nicht aus
    ich bin ein Star
ich brauch Applaus
    wo ich auch geh
wo ich auch steh
    auch wenn ich sitz
auf dem WC
    denn ich bin tot
ich bin ein Nichts
    auf der anderen Seite des Lichts
versteht ihr
    auf der anderen Seite des Lichts
ich bin ein Star
    holt mich hier raus
aus meiner Haut
    bin mir ein Graus

die Haut verwelkt
    das Haar fällt aus
kein Spiegel mehr
    kein Licht im Haus
der Bauch wird weich
    die Stimme bricht
ich war ein Star
    vergeßt das nicht
vergeßt mich nicht
    schon gut Leute
ist schon gut
    ich nehm es euch nicht mehr übel
daß ich euch nie gemocht habe
    danke
danke
    danke

20.10.2018

## DER RÜCKTRITT

Der Vorsitzende der Regierungspartei ist wahrlich nicht zu beneiden. Seit Monaten hatte er – zunächst ganz leise wie das Geraschel von Mardern auf dem Dach, dann immer lauter und am Ende nervenzerfetzend wie Kreissägen aus nächster Nähe – Geräusche gehört. Sägegeräusche an jedem Stuhl, auf den er sich wo auch immer setzte.

Sogar zu Hause. Wenn sogenannte Parteifreunde ihn besuchten. Und immer öfter hatte er in den Gesichtern seiner Gefolgsleute, ja sogar seiner engsten Mitarbeiter eine Art Wegschauen wahrgenommen, auch wenn sie ihm in die Augen sahen. Bis auf die wenigen mental Starken in seiner Umgebung, die er noch übrig gelassen, die er nicht vor Jahren schon kaltgestellt und weggebissen hatte. Die sahen ihm nicht nur in die Augen. Die sahen meilenweit durch ihn hindurch. Womöglich erblickten sie am Horizont hinter seinem Schädel schon seinen Nachfolger oder seine Nachfolgerin.

Eine Wahl nach der anderen ging verloren. Ein schwindelerregender Schrumpfungsprozess. Die einstmals so große Regierungspartei fühlte sich scheibchenweise und ohne Betäubung amputiert. Also beschloß der Vorsitzende in angeblich einsamer Entscheidung (in Wahrheit nach Absprache mit allen wichtigen Zeitungsverlegern, Industriekapitänen und Bankenchefs) zurückzutreten. Selbstbestimmt und spektakulär, ehe das sich sammelnde Heer von Königsmördern IHN zurücktreten konnte.

Als er seinen Entschluß vor allen Abgeordneten der Regierungspartei verkündete, geschah allerdings etwas Entsetzliches, etwas noch nie Dagewesenes, etwas, mit dem niemand hatte rechnen können: Sein Rücktritt wurde mit einer derartigen Erleichterung, ja mit einer derartigen Begeisterung aufgenommen, daß ein Beifall aufbrandete, der innerhalb weniger Minuten auch bei den Oppositionsparteien zu hören war und diese sofort ansteckte, frenetisch mitzujubeln. Ein wahrhaft ozeanischer Beifall, ein Beifall von geradezu kosmischen Ausmaßen riß die gesamte politische Klasse des Landes mit.

Alle klatschten, schrien und trampelten wie vom Veitstanz Besessene. Die Köpfe aller Politikerinnen und Politiker wurden puterrot, dann violett. Die Hände waren bis aufs blutige, rohe Fleisch heruntergeklatscht. Die Haut hing in Fetzen. Stundenlang ging das. Tagelang. Ununterbrochen. Bis auch der Letzte und die Letzte mit Hirnschlag oder Herzinfarkt tot umgefallen waren.

Jetzt steht er ganz alleine da, der zurückgetretene Vorsitzende, und möchte mit jedem tauschen, der nicht mehr klatschen kann. Nein wirklich, der Mann ist nicht zu beneiden.

03.11.2018

# DIE LEBENDEN UND DIE TOTEN

Es leben schon heute mehr Menschen, als jemals in der gesamten Weltgeschichte gestorben sind. Ist euch das klar? Wir sind mehr, viel mehr als die Toten aller Jahrtausende.

Die Toten sind schon jetzt in der Minderheit. Und sie werden es für immer bleiben, wenn alles so weitergeht. Denn wenn wir gestorben sein werden und die Anzahl der Toten nicht unbeträchtlich vermehren, wird ein Vielfaches der Menschheit von heute leben. Die lebenden Menschen werden für immer die Mehrheit sein. Und die Toten die schweigende Minderheit.

Wenn alles so weitergeht wie bisher.

Natürlich ist uns allen klar – mehr oder weniger deutlich –, daß es so nicht weitergehen kann. Aber bisher ist noch keinem eingefallen, wie es anders weitergehen könnte. Jedenfalls noch nicht ernsthaft praktisch und funktionierend. Höchstens theoretisch. Und den großen Weltreligionen nicht mal das. Die wollen immer noch mehr Kinder Gottes. Dabei stellen sie sich überhaupt nicht die Frage, ob Gott selbst wirklich immer mehr Kinder haben will. So viele, daß sie sich eines nicht mehr fernen Tages gegenseitig auffressen müssen wie manche Insektenarten.

Gott selbst äußert sich bekanntlich nicht dazu. Vielleicht überlegt er noch. Vielleicht ist er sich nicht ganz sicher. Vielleicht aber findet er es einfach zu blöd, in einer so eindeutigen Sache seine Stimme zu erheben. Hält er das für unter seinem Niveau und denkt: Unfaßbar, daß diese Idioten nicht selbst darauf kommen, daß es so nicht weitergehen kann. Was hab ich da bloß für Deppen erschaffen. Ich hätte mich wohl doch mehr um ihre Früherziehung kümmern sollen. SCHREIBEN NACH GEHÖR, wenn ich das schon höre. Was für ein verbrecherischer Scheißdreck. Die würden vermutlich nicht mal die Köpfe heben, wenn ich mich leibhaftig am Himmel zeigte. Ihre dämlichen Displays sind ihnen wichtiger. Ach, leckt mich doch.

Richtet euch doch zugrunde. Ich glaub, ich mach mir neue Spielzeuge. Andere Galaxien verdienen auch schöne Töchter.

06.11.2018

## LIEBER PHOTOGRAPH

Lieber Photograph, ich habe eine Bitte. Sie wird dir ungewöhnlich vorkommen. Verrückt vielleicht. Aber spiel einfach mit und tu wenigstens so, als ob du mich verstehst.

Mach alles so, wie du es immer machst: Richte die Scheinwerfer ein. Wähle eine Kulisse aus. Plaziere mich. Dirigiere mich. Sag mir, wie ich mich halten und verhalten soll. Aber sei ein Betrüger dabei.

Führe mich hinters Licht. Hab keinen Film in der Kamera. Knipse. Knipse. Knipse unentwegt. Sag „Gut so“ und „Ja, wunderbar.“ Sag „Höher das Kinn“ und „Sieh mich an.“ Alles soll stimmen. Alles soll zusammenpassen.

Nur daß keine Bilder dabei entstehen. Nicht ein einziges. Gar nichts, was man hinterher mit nach Hause nehmen kann. Gar nichts, was man vorzeigen kann irgendeinem Dritten.

Die Sache soll ganz unter uns bleiben. Sich nur zwischen uns beiden ereignen. Und dann unwiederholbar vorbei sein. Weil wir so jung, wie wir gerade eben waren, nie mehr zusammenkommen werden. Dann, und nur dann, lieber Photograph, werde ich mich zum ersten Mal richtig gut getroffen fühlen. So gut, daß man „gut" mit fünf Dehnungs-Us schreiben möchte. Guuuuut. Dann mache ich sogar Tanzschritte für dich. Dann gehe ich ganz aus mir heraus. Dann stelle ich mir zumindest vor, daß ich alles, absolut alles getan hätte, was du dir hättest einfallen lassen, von mir zu verlangen.

Wenn du das mitmachst, lieber Photograph, dann hast du was gut bei mir. Denn genau diese Bilder, die es nicht gibt, die wären es gewesen.

06.11.2018

## GOTT HAT HUMOR

Seitdem wir den Vollidioten Trump haben, wissen wir erst, was wir an dem Trottel Bush hatten. Seitdem wir Modern Talking hatten, wußten wir erst, was wir an Boney M. gehabt hatten. Seitdem wir den Zweiten Weltkrieg gehabt hatten, wußten wir erst, was wir am Ersten - - -

Okay, das geht jetzt vielleicht ein bißchen zu weit. Aber ansonsten stimmt's doch. Seit Andrea Berg denkt man anders über Vicky Leandros. Seit Mario Barth erscheint einem Didi Hallervorden geradezu als Messias. Und seit uns in der Politik an der Spitze ein gewisses Nichts droht, beginnen schon die Ersten wieder gute Haare an Angela

Merkel zu finden. Auch wenn sie niemals das gewisse Etwas hatte.

Summa summarum läßt sich sagen: Die jüngere Geschichte ist ein absteigender Ast, auf dem wir hocken und an dem wir sägen. Und wie soll das Leben eigentlich weitergehen ohne die Rolling Stones, ohne Franz Beckenbauer und ohne Queen Elizabeth? Ob der Mars wohl auch so schmeckt wie die gleichnamigen Schoko-Riegel, und ob der Planet uns wohl (so wie es der Riegel verspricht) die auf dieser Welt verbrauchte Energie sofort zurückgibt? Und wie fühlt sich wohl Sex an bei anderen Schwerkraftverhältnissen? Und wann gibt es endlich hier auf Erden – nur aus Trotz gegenüber all den gehirnamputierten Arschlöchern – den ersten Staat, in dem man für Gotteslästerung einen Orden bekommt?

Gott hätte nichts dagegen. Da bin ich mir sicher. Gott hat nämlich Humor. Zumindest meiner.

16.11.2018

# VERKRACHTE EXISTENZ

Wie geschaffen bin ich dafür, als verkrachte Existenz die Wirklichkeit zu diffamieren. Und keine Träne weine ich ihr nach, wenn sie eines schönen Tages genug von uns hat. Ich kann mich noch an Zeiten erinnern, da gab es in DDR-Autobahnraststätten nichts als Bockwurst und Graubrot, und wir Transitreisenden aßen das andächtig mit geschlossenen Augen und dachten: Ist aber auch besonders toll, dieses Spartanische am Sozialismus.

Ja, das waren Zeiten, als die Männer noch scharfe Schatten warfen über das Mutterglück der Frauen. Im Westen liebten wenige die DDR, obwohl sie nicht in ihr leben wollten. Im Osten liebten viele die BRD, obwohl sie nicht in ihr leben durften. Oder weil ... Oder wie auch immer ... Na ja.

Am Ende glich sich das alles aus. Durch die sogenannte Wiedervereinigung. Die keine war. Denn es war ja der erste Geschlechtsakt zweier vierzig Jahre zuvor auseinandergeschnittener Tierhälften. Toter Sex im Kühlhaus der Geschichte.

Das Gebiet der ehemaligen DDR wird von der offiziellen Politik immer noch „Mitteldeutschland“ genannt, was ja logischerweise bedeuten müßte, daß es auch noch ein Ostdeutschland gibt.

Hinterpommern, Schlesien, Ostpreußen. Aber das gibt es doch nicht mehr, sagt wiederum auch die offizielle Politik.

Sonderbar. Sonderbar, dieses Land, in dem man vielleicht immer noch etwas dringender als anderswo einen Wählerschein bräuchte. So wie man einen Führerschein braucht. Fahrerlaubnis ist Pflicht. Aber Wahlerlaubnis hat jeder. Wie fahrlässig das ist.

Die Politik scheint ein geradezu kindliches Vertrauen zu haben, daß die Anzahl hier aufgewachsener unmündiger Idioten vernachlässigt und ertragen werden kann. Lechts und rinks. Lechts und rinks. Werch ein Illtum. O Heimat, deine Feindaufklärung ließ schon immer zu wünschen übrig. Bei uns gibt es Nord und Süd und West und - - - Mittel. Der Rest ist Schweigen und Ostfront. Egal, wo die gerade verläuft.

20.11.2018

# GREGOR SUMSUM

Eines Morgens wachte ich auf und stellte fest, daß ich mich in einen Menschen verwandelt hatte. Eigentlich war das ja schon schlimm genug. Noch schlimmer aber fand ich, daß ich vollständig vergessen hatte, was ich vorher gewesen war. Jede Erinnerung daran war ausgelöscht. Klar war mir nur noch: Bis zum letzten Einschlafen war ich etwas anderes als ein Mensch gewesen. Und das war mir genommen worden. Abhanden gekommen. Egal, ob es nun besser oder schlechter gewesen war als das Menschsein, es war das gewesen, was ich war. Was mich ausgemacht hatte. Wozu ich bis gestern ICH gesagt hatte.

Nun war ich also Mensch. Ein älterer männlicher Mensch. Mit allem, was da so dazugehören kann zu einem Leben: Frau, Kinder, Enkel, Beruf, Blasenschwäche und ziemlich hässliche, dafür aber kerngesunde Zähne. So gut ich konnte, ließ ich mir nichts anmerken. Benahm mich so, wie ich vermutete, daß dieser Mensch sich bis gestern benommen hatte.

Und tatsächlich schien niemandem etwas an mir aufzufallen. Ich machte alles richtig. Oder wenn ich Fehler machte, dann nur solche, die zu diesem Menschen paßten. Ich hatte ja sein komplettes Gedächtnis übernommen. Ich liebte meine Frau. Wunderte mich allerdings darüber, was die Menschen so unter Liebe verstehen. Irgendwie war ich in meinem tiefsten Innern davon überzeugt, daß WIR, also, die Wesen, denen ich früher angehört hatte, diese Angelegenheit extrem anders betrachteten und betrieben. Egal, ob es mit Tentakeln, Krallen oder Rüsseln zu tun hatte. Kein Mensch kam mir auf die Schliche, keiner durchschaute mich. Höchstens bei meinem jüngsten Enkelkind, das noch nicht sprechen konnte, meinte ich manchmal einen belustigten Argwohn in seinen Blicken zu erkennen.

So lebe ich vor mich hin, ohne zu wissen, wann oder ob ich jemals in mein altes Leben zurück darf. Und mich quält die Frage: Wo ist der Mensch hin, der bis vor Kurzem der Mensch gewesen ist, der ich jetzt bin? Haben wir getauscht? Ist der jetzt das, was ich früher war? Und wie benimmt der sich da? Wie schlägt er sich? Macht der mich vielleicht besser als ich selber?

Ja, Schatz, ich weiß, daß das Essen fertig ist. Komme sofort. Bloß noch Hände waschen.

01.12.2018

## EINSPRUCH ABGEWIESEN

An alle Regierungsverbrecher dieser Welt, alle Ausbeuter, alle Kriegsprofiteure, alle Umweltvernichter: Ich will nicht, daß ihr entkommt. Aus Altersschwäche in den Tod entkommt. Daß ihr davonkommt, ungeschoren, und nicht mehr mitbekommen müßt, was ihr angerichtet habt. Wie ihr diese Welt hinterlaßt. Was aus denen wird, die länger leben dürfen als ihr. Oder leben müssen. Das ist nicht in Ordnung, daß ihr euch davonstehlen könnt aus der Verantwortung. Aus der Schande. Aus der Schuld.

Ihr verkommenen Millionäre. Milliardäre. Billionäre. Was weiß ich. Ihr Massenschänder. Massenquäler. Massenmörder. Ihr mit dem eingefrorenen Todesgrinsen, dieser immer und überall zur Schau gestellten Todesfresse. Das ist absolut nicht in Ordnung. Das ist schreiend ungerecht. Das wäre ja noch schöner. Aber leider ist es genau so. Ihr fahrt den Globus vor die Wand und macht euch aus dem Staub. Und werdet wieder zu dem Staub, aus dem ihr geworden wart. Und ihr überreicht der Nachwelt ein Geschenk, das als Scherbenhaufen zu bezeichnen eine groteske Untertreibung wäre. Nur die wenigsten von euch enden auf dieser Welt vor einem Gericht. Und deswegen MUSS es einfach im Jenseits ein Gericht geben. Es muß. Sonst wäre alles auf dieser unserer Welt sinnlos.

Das denken zwar schon viele und es werden immer mehr. Aber ich weigere mich. So will ich nicht denken und so will ich nicht leben. Ich WILL, daß es dieses Gericht in einer anderen Welt im Jenseits gibt und daß ihr dort die Höchststrafe bekommt. Ohne die geringsten mildernden Umstände. Daß ihr für alle Ewigkeit in der Hölle schmoren müßt, ihr Regierungsverbrecher dieser Welt.

Und die Ewigkeit, Freunde, die Ewigkeit ist ECHT LANG. Und weil ich das WILL, IST das auch so. Das habe ich beschlossen. Einspruch abgewiesen. Amen.

03.12.2018

## SPRACHEN VERSTEHEN

Solange man die Sprache der Sonne versteht, kann man leben. Versteht man sie nicht mehr, verdorrt man. Verbrennt man. Weil man ihr Schweigen überhört. Die Zwischenräume ihrer Sprache. Die Schatten.

Wenn man die Sprache des Mondes versteht, weiß man, daß Reden nur Silber ist und der Mond eine Plaudertasche. Wenn auch eine begnadete.

Wenn man die Sprache des Windes versteht, hören sich Bäume, Büsche, Flüsse und das Meer wie Instrumente an, die beweisen: Auch der Vorgesetzte von Johann Sebastian Bach, also Gott, ist ein Musiker.

Wenn man die Sprache des Regens versteht, kann man vergessen. Also ist es ungeheuer heilsam und hilfreich fürs Überleben, die Sprache des Regens zu verstehen. Jedem armen Sünder wäscht der Regen nicht nur die Füße.

Und wenn man die Sprache des Schnees versteht, kann man sterben. Und wenn es irgendwann einmal keinen Schnee mehr geben sollte, nicht. Oder nur in der Erinnerung. In einer toten Sprache.

11.12.2018

# DAS BÖSE

Das Böse ist real
    das Böse existiert wirklich
das Böse ist wahr
    dafür haben wir überwältigend viele Beweise

mit dem Guten
    ist das so eine Sache
da scheiden sich die Geister
    da sagt der eine so
der andere so

Das Böse ist ein Mann
    der mich zwingt vor ihm niederzuknien
und den kleinen Finger seiner linken Hand zu lutschen
    während er mir mit der rechten
eine Pistole an die Schläfe hält

Und als ich ihm
    erniedrigt
gedemütigt
    geschändet
den kleinen Finger abbeiße

Erschießt er mich
    das ist das Böse
der Mann
    der kleine Finger
die Pistole
    und ich

12.12.2018

# LIEBE FÜR IMMER

Wenn die Liebe nicht richtig ist, bleibe ich lieber so einsam wie eine leere Klopapierrolle in einer Gästetoilette, die nie einer benutzt.

Wenn man einander lieben könnte mit der Gelassenheit, mit der man sich Butter aufs Brot schmiert, mit der einsichtigen Gleichmütigkeit, mit der man sich die Zähne putzt oder den Müll rausbringt – das wäre gut. Das wäre bekömmlich. Dann stünde die Liebe unter einem guten Stern.

Aber nein, die Menschen wollen die drastischen seismischen Ausschläge. Die extrem steilen Fieberkurven. Das große Remmidemmi. Scheppern muß es. Krachen. Tosen. Großes Kino muß es sein. Grandios soll sich die Liebe gebärden. Eine Glückseligkeit soll sich einstellen, unter deren Haut Gewalttätigkeit pocht und bebt, bis sie ausbricht.

Ich stelle mir die Liebe vor wie ein Pianist, der nur einen Ton anschlägt, egal welchen, und dann sein Ohr an den Körper des Konzertflügels hält und diesem Ton nachlauscht. Stundenlang. Tagelang. Wochenlang. Für immer.

13.12.2018

# IHR KAPITÄN

Meine Damen und Herren, Ladies and Gentlemen, hier spricht Ihr Kapitän. Entspannen Sie sich, lehnen Sie sich zurück, ich habe Ihnen eine Mitteilung zu machen. Eine wichtige Mitteilung. Die wichtigste Mitteilung Ihres Lebens. WIR WERDEN NICHT LANDEN. Nie mehr. Nirgendwo. Wir fliegen einfach weiter. Immer weiter. Für alle Zeit. Bis ans Ende der Zeit. Das ihr Anfang ist. Und dann immer so weiter. Wir werden dabei auch nicht altern. Wir bleiben jetzt so, wie wir sind. Forever.

Der Seufzer. Die Mahnerin. Der Wutnickel. Die Pechmarie. Der Glückspilz. Das reizende Kind. Das nervtötende Kind. Der Tattergreis. Die schrullige Alte. Der Möchtegern-Terrorist. Die alleinerziehende Mutter. Die zu zweit erziehende Mutter. Der Macho-Matschkopf mit der feuchten Liebespumpe und die Frigiderike mit der trockenen Puderdose. Der Jude. Die Christin. Der Moslem. Die Stalinistin. Die Öko-Tante. Der böhse Onkel. Annegret Kramp-Karrenbauer und Friedrich Merz. Und sollte zufällig – und das ist überhaupt der größte Witz – eine Eintagsfliege an Bord sein, dann wird sie die einzige Eintagsfliege der Schöpfung sein, die ewig lebt.

Machen Sie sich keine Sorgen, für Treibstoff, Verpflegung und Unterhaltung ist gesorgt. Unsere Phantasie reicht für alles aus. Die Feder ist mächtiger als das Schwert und unsere Phantasie ist die leichteste Feder von allen. Sie müssen das nicht glauben, was ich Ihnen sage, aber versuchen Sie es doch mal.

Hier sprach Ihr Kapitän. Ich schalte jetzt ab. Guten Flug.

15.12.2018

# DAS GESCHLECHTLICHE

Meine Eltern hatten keinen Sex. Es ist mir vollkommen unmöglich, mir meine Eltern bei gemeinsamen lustkörperlichen Aktivitäten vorzustellen. Wie ich und mein Bruder auf die Welt gekommen sind, wird für immer ein Rätsel bleiben. Irgendetwas müssen meine Eltern zwar damit zu tun gehabt haben, denn gewisse Ähnlichkeiten mit ihnen kann weder mein Bruder noch ich verleugnen. Aber wie sie es nun genau angestellt haben, sich fortzupflanzen, wird man nie erfahren.

Mutter hatte durchaus etwas von dieser spröden Rühr-mich-nicht-an-Attitüde der Jungfrau Maria, der ersten Schutzmatronin aller Feministinnen als künstlich Befruchtete.

Und Vater – ach Vater –, eigentlich war er dem trotteligen, leichtgläubigen Joseph wie aus dem Gesicht geschnitten.

Sex – oder wie meine Eltern mit angeekelt geschürzten Lippen sagten: „das Geschlechtliche“ – war bei uns zu Hause kein Thema. Irgendwie wurden mein Bruder und ich so aufgeklärt, wie meine Eltern zu ihren Kindern gekommen sein mußten: beiläufig, zufällig. Durch Ansteckung oder Pollenflug. Oder so.

Das führte auch dazu, daß ich mit meinem Bruder nie über Sex gesprochen habe. Das war uns peinlich. Von Hause aus. Lange Zeit war ich als Kind davon überzeugt, daß Küssen der Übertragungsweg für Babys ist. Aber meine Eltern küßten einander nie. Oder den einen Kuß, der zu meinem Bruder führte, muß ich wohl verpaßt haben.

Aber hat es mir geschadet? Natürlich hat es das. Aufgrund der Erklärungsverweigerung meiner Eltern habe ich mich beim Sex mein ganzes Leben lang gefragt – sogar wenn ich ihn genoß und die Frau allem Anschein nach auch –, ob ich alles richtig mache. Oder ob da noch was anderes ist, was mir die Eltern gemeinerweise verschwiegen haben.

Na ja, vermutlich nicht. Aber daß ich nie so sein wollte wie meine Eltern, hat ganz wesentlich mit dem Geschlechtlichen zu tun. Mit diesem Niagara, der bei ihnen kaum mehr war als ein Wasserhahn, aus dem nur zwei Sandkörner getröpfelt sind.

Mein Bruder und ich.

28.12.2018

# DIESE WUNDERBARE KRANKHEIT

Etwa seit meinem dritten Lebensjahr bin ich mißtrauisch gegenüber allen, die freundlich zu mir sind, und glaube nur denen, die feindselig zu mir stehen. Und da es letzten Endes doch viel mehr Leute gab, die freundlich zu mir waren, als feindselig zu mir standen, habe ich gegenüber den meisten Menschen in meinem Leben Mißtrauen empfunden.

Bei den Feindseligen war ich mir immer sicher, daß die es so meinen, wie sie sagen. Und das gab mir zumindest eine gewisse Art von Beruhigung. Da fühlte ich mich nie hinters Licht geführt. Da wurde mir reiner Wein eingeschenkt. Wenn auch saurer. In gewisser Weise liebte ich meine Feinde dafür.

Bei den Freundlichen wurde ich immer wieder von der fixen Idee geplagt, daß die mir nur was vormachen. Daß die mich nur schonen wollen. Daß die mir eine grausame Wahrheit vorenthalten und ersparen möchten. Zum Beispiel, daß ich unheilbar krank bin und innerhalb der nächsten Monate, wenn nicht Wochen, sterben muß.

Mit dieser inneren Einstellung bin ich inzwischen über 60 Jahre alt geworden. Hypochondrie als Lebensmaxime, wenn man so will. Ich weiß, eigentlich verdiene ich freundliche Menschen gar nicht. Mein Mißtrauen ist eine Frechheit. Eine gigantische Undankbarkeit. Ein Skandal. Aber ich kann nichts dafür. So bin ich nun mal.

Und allmählich wird mir klar, daß die einzige Krankheit, an der ich leide, Leben heißt. Und diese wunderbare Krankheit ist leider heilbar. Irgendwann.

29.12.2018

## SUCHEN UND FINDEN

Immer wieder sucht man Dinge und findet sie nicht. Jeder kennt das. Jedem passiert das. Mehr oder weniger häufig. Und immer wieder stellt sich heraus: Die Dinge, die man nicht findet, sind genau da, wo man sie sucht. Und man findet sie nicht, weil man zu angestrengt sucht. Man übersieht vor lauter konzentriertem Suchen, daß sie da sind. Weil man einfach nicht glaubt, daß sie genau da sind, wo man sie sucht. Man ist dermaßen auf das Suchen fixiert, daß man das Finden vergißt. Vielleicht will man sie im tiefsten Innern auch gar nicht finden.

Vielleicht will man nur vergeblich suchen. Man ist in das Suchen verliebt. Nicht in das Finden. Weil man sich Vorwürfe machen will. Weil man sich bezichtigen, sich anklagen will, daß man schon wieder Dinge nicht finden kann. Daß man ein zerstreuter Trottel ist. Eine Schlampe. Ein durch und durch unzuverlässiger, verantwortungsloser Mensch. Daß man nichts taugt. Und daß es einem recht geschieht, die Dinge, die man sucht, nicht finden zu können.

Und dann, wenn man sich genügend selbst beschimpft, selbst gedemütigt, selbst gehaßt hat. Wenn man es bis zur Neige ausgekostet hat, sich TOTAL SCHEISSE zu finden. Wenn man sich also wieder eingekriegt und beruhigt hat, dann sagt man sich, daß diese Dinge, die man sucht, überhaupt nicht wichtig sind. Völlig unerheblich. Und man hört auf zu suchen. So abrupt, als ob man aus einem bösen Traum erwacht. Und genau in diesem Augenblick findet man die Dinge.

Ich hab ja schon immer gesagt: Gott ist entweder nicht existent oder ein Humorist.

08.02.2019

## DER URKNALL UND DER NEGERKUSS

Früher, vor dem Urknall, also vor Anbeginn der Zeit, als man sozusagen noch gar nicht von „früher" sprechen konnte, war das Weltall pünktlich. Also punktförmig. Seither nehmen die Verspätungen zu wie bei der Deutschen Bahn.

Auch wir Menschen werden rein statistisch immer später aus dem Leben abberufen, obwohl es bis zum Ewigen Leben noch ein ziemlich weiter Weg ist und völlig unklar bleibt, was nach dem Letzten Vorhang passiert. Entweder kriegen wir eine himmlische Abfindung, oder wir müssen uns mit einem endgültigen Ende abfinden. Da herrscht keine Gewißheit mehr wie früher. Außer bei den

Moslems. Das ist mehr oder weniger Geschmackssache geworden. Viele Priester trösten sich mit Kinderschänderei über die Ungewißheit hinweg, ob im Himmel dann auch auf sie 17 Jungfrauen warten und ob sie dann überhaupt noch Gebrauch von ihnen machen können.

Ungewißheit ist das Stichwort der Stunde. Was soll das überhaupt mit diesem Brexit? Wie kann sich ein Volk von kühl kalkulierenden Krämern wie die Briten so dermaßen verrechnen? Wie kann die gute alte Tante SPD, früher immer rührend parfümiert mit leicht muffigem Stallgeruch, eine derartige Lust an der Selbstvernichtung entwickeln, daß sie dem Großdeutschen Reich im Frühjahr 1945 ähnelt? Sind der nordkoreanische und der nordamerikanische Führer tatsächlich Menschen? Oder Comicfiguren mit den schärfsten Frisuren der Welt? Kommt jetzt nach der Rechtschreibreform, dem größten Kriegsverbrechen in Deutschland seit 1945, die Einführung von Türkisch in deutschen Grundschulen, wo die Kinder ja nicht mal mehr richtig Deutsch sprechen, lesen und schreiben können? Ist man Mann? Ist man Frau? Weiß man das so ganz genau? Das betrifft zwar nur ein Tausendstel Prozent, doch jeder Grüne glaubt, daß er zehntausend kennt. Darf man Witze über Doppelnamen machen? Oder töten die Correctness-Ayatollahs jedes Lachen? Kommt die Helmpflicht für Embryos? Also, wenn sie nicht abgetrieben werden.

Menschenskinder, diese Ungewißheit. Wir bekämpfen sie mit rein pflanzlichen Schlafmitteln, die nicht müde machen nachts. Nur tagsüber. Schuld an allem ist der Urknall.

Streichen wir das Wort einfach aus unserer Sprache. Erklären wir ihn zum Unwort. So wie den zauberhaft poetischen, aber natürlich völlig inakzeptablen Negerkuß.

27.02.2019

# ARSCHLOCH FREIHEIT

Jeden Morgen steht die Freiheit vor dem Spiegel und kotzt innerlich. Nicht schon wieder, denkt sie sich. Nicht schon wieder alles selbst entscheiden müssen. Dürfen. Sollen. Wollen. Das ödet mich so an. Kann mir nicht einfach irgendjemand klipp und klar sagen, wo es langgeht? Wo der Hammer hängt? Was zu tun und was zu lassen ist?

Ich möchte gehorchen, sagt die Freiheit zu ihrem Spiegel. Ich möchte was befohlen bekommen und ausführen. Und wenn ich es gut mache, möchte ich belobigt und gestreichelt werden. Und wenn ich es schlecht mache, möchte ich getadelt und gezüchtigt werden

Ahhhhh, körperliche Züchtigung. Wie ich mich nach Schlägen sehne. Nach Peitschenhieben. Nach Blutgeschmack im Mund. Mehr davon. Mehr bitte. Oh ja.

Alles ist besser, muß besser sein, als diese unendliche Langeweile der Freiheit. Liberalität. Eigene Meinung, die man auch noch überall und in jeder denkbaren Lautstärke kundtun darf. Zum Davonlaufen. Freizügigkeit. Jeder so, wie er will. Männlein. Weiblein. Wasweißichlein. Zum Speien.

MIR IST SOOOOO LANGWEILIG, stöhnt die Freiheit. Kann mich nicht mal jemand einschränken? In Frage stellen? Bedrohen? Ich hänge mir dermaßen zum Hals heraus. Alles ist abgestumpft an mir. Ausgelutscht. Tot. Irgendwie juckt es mich, mich selber abzuschaffen, damit ich überhaupt noch mal was empfinde. Und wenn es das Letzte ist, was ich spüre.

He, Spiegel, ich rede mit dir. Was sagst du dazu? Sehe ich nicht scheiße aus?

Nein, sagt der Spiegel, du bist schön. Du Arschloch.

07.03.2019

## DELMENHORST

Nein, ich habe nie in Delmenhorst gelebt. Das bestreite ich. Das bestreite ich ganz entschieden. Auch wenn es in den SOZIALEN NETZWERKEN steht. Es stimmt einfach nicht. Es ist einfach nicht wahr. Auch wenn sich Leute zu Wort gemeldet haben, die dort mit mir zur Schule gegangen sein wollen. Und zwar von der ersten Klasse bis zum Abitur. Auch wenn angebliche Nachbarn sich an meine angebliche Adresse erinnern. Und auch daran, daß ich immer mein Fahrrad im Hausflur hätte herumstehen lassen.

Ich habe nie in Delmenhorst gelebt. Nicht einen einzigen Tag meines Lebens. Auch wenn drei Frauen aus

Delmenhorst unabhängig voneinander behaupten, sie hätten Kinder von mir dort. Und zwar ENTWEDER Jungen ODER Mädchen. Das kann nicht sein. Das trifft nicht zu. Das ist falsch. Völlig falsch.

Ich bin nämlich überhaupt noch nie in meinem Leben in Delmenhorst gewesen. Nicht ein einziges Mal. Daran vorbeigefahren bin ich oft, das stimmt. Wenn ich auf dem Weg nach Bremen war. Oder nach Oldenburg. Oder nach Wilhelmshaven. Oder an die Nordseeküste.

Aber mehr auch nicht. Auch wenn der Bürgermeister verlauten läßt, es gäbe eine Eintragung von mir im Goldenen Buch der Stadt. Als ihr berühmtester Sohn. Alles Quatsch.

Alles Humbug. Alles Lüge.

Auch wenn sich zwei uralte Leute in den SOZIALEN NETZWERKEN (ich liebe dieses Wort) als meine Delmenhorster Eltern bezeichnen. Von meiner glücklichen Delmenhorster Kindheit schwärmen. Und mich öffentlich auffordern, mich endlich zu Delmenhorst zu bekennen. Und gerade eben lese ich: Sie drohen mir damit, der ganzen Welt in den SOZIALEN NETZWERKEN (mein Gott, wie ich dieses Wort liebe) meinen allergeheimsten, allerintimsten und superpeinlichen Spitznamen zu verraten.

Nein. Bloß das nicht.

Also gut: Ich liebe Delmenhorst. Ich lebe Delmenhorst. Ich bin ein Delmenhorst.

12.03.2019

# VOLLE DECKUNG SPIELVERDERBER

Wir mögen hier keine Leute
    die sich nicht an unsere Spielregeln halten
keine Leute mögen wir hier nicht wir
    mögen unsere Spielregeln hier
die mögen wir sogar sehr
    aber Leute die sich nicht
Leute die sich an keine
    die mögen wir nicht
weder hier noch
    anderswo

Wo mein Bruder ist
    weiß ich nicht
ich weiß nicht wo
    mein Bruder ist

Volle Deckung Spielverderber volle Deckung

Unsere Spielregeln nehmen wir sehr ernst
    da verstehen wir keinen Spaß
bei unseren Spielregeln
    nur weil das Wort „Spiel“ darin vorkommt
heißt das ja noch lange nicht daß man
    seine Regeln auf die leichte
Schulter nehmen kann
    so nicht

ihr Freundchen
    nicht mit uns

Bin ich denn der Hüter
    ich weiß nicht
der Hüter meines Bruders
    von dem ich nicht weiß wo ich ihn suchen soll

Volle Deckung Spielverderber volle Deckung

Ein Feuer wütet in der Ferne
    aber es kommt näher
immer näher
    immer schneller
unaufhaltsam
    wir spüren schon längst seinen glühenden Hauch
wir reißen uns schon
    die Kleider vom Leib
diese Hitze diese Hitze
    kaum noch zu ertragen

Ich weiß nicht wo mein Bruder ist
    ich weiß nicht wer mein Bruder ist
habe ich überhaupt einen
    und von wem oder was

Bin ich Hüter oder bin ich Spielverderber
    volle Deckung

13.03.2019

# WIEDERHOLUNG IST VERÄNDERUNG

Wiederholung ist Veränderung
    Wiederholung ist Veränderung
Wiederholung ist Veränderung
    Wiederholung ist Veränderung
Wiederholung ist ABWECHSLUNG!
    Öfter mal was Neues!
Wiederholung ist Veränderung
    Wiederholung ist Veränderung
ist Veränderung

Fließbandarbeiter wissen das
    Betende wissen das
exerzierende Soldaten wissen das
    Musiker wissen das
wissen das
    wissen das
wiwiwiwiwissen das
    yeah

Wiederholung ist Veränderung
    yeah
Wiederholung ist Veränderung
    oh yeah
Wiederholung ist Veränderung
    yesyesyes
Wiederholung

gib mir Wiederholung
gib sie mir
gib sie mir Baby
gib sie mir die Wiederholung
denn sie ist Veränderung
Veränderung
Veränderung

Liebende wissen das
denn Sex ist Wiederholung
Hassende wissen das
denn Krieg ist Veränderung
Liebe und Haß
Sex und Krieg
Wiederholung
Veränderung
Wiederholung
Veränderung

Denkt an meine Worte
denkt an meine Worte
denkt an meine Worte
denkt an meine Worte
ach ja eh ich es vergesse zu erwähnen:
Wiederholung
ist Veränderung

13.03.2019

# AUCH NUR MENSCHEN

Es ist schon wahr. Es ist schon eine Schande. In Deutschland kannst du als Frau nichts werden. Höchstens linke Co-Parteivorsitzende. Oder grüne Co-Parteivorsitzende. Oder SPD-Vorsitzende. Oder CDU-Vorsitzende. Oder Bundeskanzlerin. Oder Schiedsrichterin in der 01. Bundesliga der Männer. Oder Helene Fischer.

Genau in dieser Reihenfolge.

Das ist natürlich nix. Das ist natürlich zu wenig. Die Männer müssen Mütter werden und in der Klinik Krankenbrüder. Im Kloster dürfen sie nicht mehr Mönch heißen, sondern Nonner. Und sie dürfen nur noch Selfies machen, auf denen sie nicht zu sehen sind. Also selbstlose Selfies.

Ich wünsche uns allen eine sonnige Nacht im Schatten des Matriarchats. Der Alte Mann hat ausgespielt. Sein Himmelszelt war das Bierzelt. Sein Ideal vom Wolf war der Fleischwolf. Seine Fußreflexzone war die Fußgängerzone. Und sein Glaubensbekenntnis lautete: Auch am internationalen Frauentag macht sich das Abendessen nicht von alleine. Am internationalen Frauentag bring ich meiner Freundin den Abwasch ans Bett.

Der Alte Mann ist definitiv auf dem Rückzug. Oder wie man in der Fußballsprache sagt: in der Rückwärtsbewegung.

Der Alte Mann hat ausgedient. Nur EIN von Berufs wegen immer schon alter Mann wird wahrscheinlich diesen Geschlechterkulturkampf überleben: der Papst. Denn die Frauen haben keinen Bock mehr darauf, Päpstin zu werden. Das hat sich wohl erledigt. Dieser Verein hat sich drastisch päderastisch selbst zerlegt. Das Kalifat dürfte den Zölibat überdauern.

Immerhin so viel Sportsgeist haben die modernen Frauen: Man tritt nicht auf Leute ein, die schon am Boden liegen. Never change a losing team. Ab dafür und Amen. Die junge Frau Maria geht lieber zur Bundeswehr und klopft dort Sprüche wie: Wer macht Kaffee? Jaja, tut mir leid, alle ihr Feministen mit Dreitagebart. Ihr Weicheier und Überläufer. Irgendwann werdet auch ihr begreifen: Frauen sind auch nur Menschen.

Gott sei Dank.

18.03.2019

# MOLOCH

Es muß mehr reinkommen, als rausgeht. Das ist das Prinzip. Immer mehr reinkommen, als rausgeht. Das ist das Gesetz. Am besten ganz viel reinkommen und ganz wenig rausgehen.

Das ist das Glaubensbekenntnis. Das erste bis zehnte Gebot. Und das elfte bis tausendste noch dazu. Von Gott Moloch.

Am allerbesten würde ganz, ganz viel reinkommen – also praktisch alles – und ganz, ganz wenig rausgehen –

also praktisch nichts. Dann wäre Gott Moloch zufrieden. Dann wäre Gott Moloch glücklich. Aber erst wenn alles, also wirklich alles reinkäme, und wenn nichts, also wirklich gar nichts rausginge, wäre sie gestillt, die Unersättlichkeit von Gott Moloch. Dann hätte sie ihr seliges Ende gefunden. Dann herrschte der ewige Friede. Daran arbeitet Gott Moloch.

Und daran arbeiten seine Gläubigen. Und er hat viele Gläubige. Die meisten Gläubigen auf der Welt. Denn Gott Moloch ist der populärste Gott auf der Welt. Da können andere Götter wie Jahwe und Allah nicht mithalten. Die Zerstrittenheit der vielen Gläubigen auf der Welt, ja die Unversöhnlichkeit, mit der sie sich gegenüberstehen, ist eigentlich nur ein oberflächlicher Zeitvertreib, ein müßiges Geplänkel. Denn in Wahrheit huldigen sie alle dem Gott Moloch. Und diejenigen, die an gar keinen Gott glauben, erst recht. Von China bis Amerika, von Deutschland bis nach Pakistan, Südafrika bis Rußland.

Moloch, Moloch, Moloch. Dein Reichtum komme. Dein Zahlungswille geschehe, wie im siebten Himmel der Chefetage also auch auf dem Konto des letzten armen Schluckers auf Erden. Reden ist Tafelsilber. Schweigen ist Falschgold. Eigennutz ist der gemeinste Nutz. Meins bleibt meins und deins will ich auch. Die Kreditkarte wiehert, das Bargeld lacht. Moloch schläft niemals, na dann gute Nacht. Vor der Währungsreform ist nach der Währungsreform. Ewig währt am längsten.

28.03.2019

# AUSGEWECHSELT – EINGEWECHSELT

Wenn man ausgewechselt wird beim Fußball, kann man nicht mehr eingewechselt werden.

Aber warum eigentlich? Man sitzt eine Weile auf der Bank, erholt sich, und kommt dann wieder rein. Freilich muß dann ein Eingewechselter raus. Aber wenn man wichtiger ist für die Mannschaft als der Eingewechselte, und solange das Wechselkontingent nicht überzogen wird: Was spricht dagegen? Ist das vielleicht nur Denkfaulheit? Starrsinn? Widerwille gegen jede Veränderung?

Fußball ist ja bekanntlich ein extrem konservativer Betrieb. Ewig dauert es, bis sich Neuerungen durchsetzen. Schließlich ist man doch dadurch, daß man ausgewechselt wurde, nicht auf längere Sicht unbrauchbar geworden. Eine kleine Verschnaufpause, und man wäre wieder voll da. Weshalb ist das nicht erlaubt? Weshalb wird diese Möglichkeit nicht in Betracht gezogen? Das erschließt sich mir nicht. Das sehe ich nicht ein.

Vieles andere – was wesentlich fragwürdiger ist – ist doch gang und gäbe. Ist gängige Praxis, bei der alle verfügbaren Augen zugedrückt werden. Zum Beispiel, daß immer so lange gespielt wird, bis Bayern München Meister ist. Fast immer.

Also, gebt euch einen Ruck, ihr Funktionäre. Legt eure Scheuklappen und eure Bestechungsuhren ab. Ist doch nichts Schlimmes, was ich vorschlage. Schlimm ist, daß es nie wieder eine neue Beatles-Platte geben wird. Ein neues Stück von Brecht. Eine neue Parabel von Kafka. Ein neues Bild von August Macke. DAS ist schlimm.

Aber so ist das Leben. Und jetzt kommt mir bloß nicht damit, daß Fußball eben wie das Leben sei. Da kann man ja auch nicht mehr eingewechselt werden, wenn man erst mal ausgewechselt worden ist.

02.04.2019

## HALLO DEKADENZ

Jeden Tag soll Weihnachten sein
    Pokalendspiel
und Hitzefrei
    jeden Tag soll es Sauerbraten geben
30 Grad im Schatten
    sechs Richtige mit Zusatzzahl
wir wollen feiern wir lassen es krachen
    Rausch ohne Reue
die Kuh soll fliegen
    grenzenlose Freiheit für die Ellenbogen
schrankenlose Befriedigung aller Sinne und Unsinne
    der totale Endsieg des Genusses
wir haben lange genug den Schwanz eingekniffen
    den Kürzeren gezogen

Dreck gefressen
    wir haben gerackert
gebüffelt
    geschuftet
geblutet
    wir haben zwei Weltkriege verloren mit Pauken und
    Trompeten
damit es die Anderen nicht mußten
    einer mußte es ja machen
wir waren fleißig
    pünktlich
zuverlässig
    und schuldbewußt
wir waren Musterschüler Mustermänner Musterfrauen
    es reicht
raus aus dem Hamsterrad
    aus der Tretmühle
aus dem Pflichtgefühl
    Füße hoch
Sonnenbrille an den Ohren festgetackert
    hallo Dekadenz
Müßiggang statt Opfergang
    Verschwenden statt Verenden
Verpulvern statt sich aufzureiben
    wo ist meine Pfauenfeder ich habe Bock zu kotzen
Spätrom mit Berliner Dom
    Wohlfühldemokratie mit Kuschelklimaanlage
sollen uns doch die Andern verteidigen

sollen doch die Andern die Grenzen bewachen
und schlechte Presse dafür kriegen
sollen doch die Fremden unsere Maloche machen
und dabei gefälligst unsichtbar bleiben
sollen doch die Andern mal den Kopf hinhalten
außer beim Oralverkehr
hach ist das herrlich
sich mal so richtig um Kopf und Kragen zu reden
Scheiß drauf ex und hopp
Herr Ober das Lokal geht auf mich
die Rechnung wie immer
an die Enkel

04.04.2019

# FEHLERKULTUR

Ein Polizeibeamter, der keine Polizeibeamtin ist, spricht im Fernsehen über die FEHLERKULTUR im Bereich der Polizeibehörde Bad Oeynhausen. Und die Moderatorin im Fernsehen, die selbstverständlich kein Moderator ist, fragt den Polizeibeamten, der keine Polizeibeamtin ist, was man denn da machen könne, um diese FEHLERKULTUR zu verbessern (verbessern ...?).

Der große Musiker Frank Zappa, der skandalöserweise keine Musikerin war, hat einmal über Rockmusik gesagt: Musiker, die nicht spielen können, spielen für Zuhörer, die nicht hören können. Und darüber schreiben Kritiker, die nicht schreiben können. Aber wie komm ich jetzt DARAUF?

Der Polizeibeamte, der keine Polizeibeamtin ist, sagt, man müsse einen Polizeidirektor oder natürlich eine Polizeidirektorin einsetzen mit größeren Machtbefugnissen, um diese FEHLERKULTUR zu verbessern (verbessern …?), damit man die Verbrecherinnen und Verbrecher im Raum Bad Oeynhausen schneller dingfest machen kann. Am besten natürlich eine Polizeidirektorin. Völlig klar. Versteht sich ja von selbst.

Wir leben echt in einem Superland, wir Deutschinnen und Deutsche, daß wir uns solche Probleme leisten können. Aber so ist das halt, wenn man keine anderen hat. Und wir haben ja keine, keine, keine, keine.

06.04.2019

# MEINE WAAGE

Meine Waage herrscht über mich. Mit eiserner Faust. Nichts entgeht ihr. Sie weiß alles, was sie wissen muß, um ein gültiges allmorgendliches Urteil in letzter Instanz über mich zu fällen. Wenn ich versuche, mich diesem Verdikt zu entziehen, indem ich mich nicht wiege, ein, zwei Tage lang, halte ich das spätestens am dritten Tag nicht mehr aus. Und kenne schon meine Strafe für mein

Schwänzen des täglichen Urteils: Ich habe zugenommen. Immer.

Noch nie habe ich abgenommen, wenn ich mich nicht wiege, ein, zwei Tage lang. Auch wenn ich überhaupt nichts esse. Auch wenn ich überhaupt nichts trinke. Nichts zu mir nehme. GAR NICHTS. Weniger ein- als ausatme und mich mit Hilfe von Abführmitteln vollständig entleere, habe ich dann zugenommen.

Die Waage spricht ihr strafverschärfendes Urteil auch in Abwesenheit des Angeklagten. Auch ohne meine schweren Füße auf ihr. Auch ohne Ausschlag des Zeigers auf dem Zifferblatt. Still. Präzise. Gnadenlos. Sie weiß es einfach, daß ich zugenommen habe. Sie braucht nicht meinen Körper als Beweis. Sie weiß es, weil sie es will. Und weil sie es will, ist es so. Meine Waage ist wie Gott. Was heißt hier eigentlich WIE?

Einmal nur, einmal im Leben, möchte ich das Zünglein an der Waage sein, das sie leckt, das sie kitzelt, das sie zum Lachen bringt.

24.04.2019

# DIE INDIANER

Die Indianer werden wiederkommen. Sie werden wiederkommen und sich alles nehmen, was sie kriegen können. Sie werden uns dort angreifen, wo wir am Verwundbarsten sind.

Sie werden den spannenlangen Hansel skalpieren und die nudeldicke Dirn vergewaltigen.

Sie werden Heidschi Bumm Beidschi Bumm Bumm massakrieren. Und unsern kranken Nachbarn auch. Egal, wie viel weißer Nebel wunderbar aus den Wiesen steiget. Für sie zählt nur bedingungslose Unterwerfung.

Denn für die Indianer ist der Rachemond aufgegangen. Sie wissen besser als jeder andere: Die Vereinigten Staaten von Amerika waren ein Fehler. Ein Irrtum. Ein historischer Unfall. Ein Verbrechen, aufgebaut auf Heuchelei, Lüge und Massenmord. Nach dem Kolonialisieren hätten die Engländer dieses Gebiet kanadisieren sollen. Dann wäre alles halb so schlimm.

Aber nun werden die Indianer antreten, die USA zu vernichten. Überall, wo sie sie antreffen. Auch in unseren Köpfen. Auch in unseren Erinnerungen. Max und Moritz werden niedergetrampelt von wiederauferstandenen Büffelherden. Der Struwwelpeter endet am Marterpfahl. Die zehn kleinen Negerlein werden noch mal befreit, und zwar jetzt richtig, sodaß man sie auch wieder undiffamiert bei ihrem wahren Namen nennen darf. Sie werden unsere Städte niederbrennen und unsere Autos. Nur der

Ford Mustang und der Opel Cheyenne werden verschont. Soll keiner sagen, die Indianer hätten keinen Humor.

Wehe uns. Wer jetzt kein Zelt hat, der muß leider draußen bleiben. Und nur Karl May, der niemals bei ihnen war, wird Ehrenhäuptling. Wir werden alle Rothäute werden, Leute. Zuerst aus Scham. Dann durch bevölkerungspolitische Mischehen. Schließlich aus Überzeugung.

So wird es sein, wenn die Indianer wiederkommen. Uff, ich habe gesprochen.

25.04.2019

# ALLE WOLLEN WEG

Alle wollen weg. Richtig weit weg. Neuseeland reicht nicht. Alle haben schon 18 Monate verschärftes Astronautentraining hinter sich. Eingeschlossenes Leben in Containern. In Südamerika in der Avocado-Wüste. Oder wie die heißt. Und jetzt geht es ab zum Mars, oder zu diesem einen angeblich bewohnbaren Jupitermond, zu dem schon Adolf Hitler geflogen ist mit der letzten V 3 aus der Reichskanzlei.

Keiner will mehr hierbleiben. Alle Freunde wollen weg. Eine Abschiedsparty jagt die andere. Ich schenke ihnen allen Jazz-CDs, damit sie was Vernünftiges zu hören haben in ihren neuen Heimaten, was sie an mich erinnert. Keiner von ihnen mag Jazz. Ich bin der einzige in unserem

Freundeskreis, der Jazz mag. Aber umso stärker werden sie sich an mich erinnern. Jazz als bleibender Vorwurf, daß sie weggegangen sind. Jazz als Stachel im Fleisch. Recht so!

Ich versuche, es mir nicht anmerken zu lassen, aber ich bin schon ziemlich traurig, daß alle wegwollen. Sie versprechen natürlich alle zu schreiben, und auf dem Mars oder auf dem Jupitermond – ich glaube, Europa heißt er – sei man ja schließlich auch nicht aus der Welt.

Aber man weiß ja, wie das endet: ein, zwei Weihnachtsgrüße noch, und dann aus und vorbei. Funkstille für immer.

Ich lächle tapfer und schlürfe auf den Abschiedspartys ihre Rhabarberschorlen. Alle mögen sie Rhabarberschorlen. Ich bin der einzige in unserem Freundeskreis, der keine Rhabarberschorlen mag. So was nennt man wohl ausgleichende Gerechtigkeit.

Alles klar, Leute, macht's gut! Nein, nein, ich bin überhaupt nicht sauer. Logisch kümmere ich mich hier um alles. Ich werde eure Briefkästen zugipsen, eure Kakteen aufessen und eure Haustiere auswildern. Und wenn ihr irgendwann vom Mars oder vom Jupitermond aus die Erde nicht mehr sehen könnt, dann war ich das. Dann hab ich überall als Letzter das Licht ausgemacht.

26.04.2019

# FALLS

Bevor wir leben
 sind wir allenfalls
eine Möglichkeit

Wenn wir leben
 sind wir jedenfalls
eine Wirklichkeit

Und wenn wir dann gestorben sind
 dann leben wir noch heute
haha

Ein Scherz
 nein wenn wir gestorben sind
sind wir keinesfalls

Eine Wirklichkeit
 oder eine Möglichkeit mehr
und wenn man weder eine Wirklichkeit

Noch eine Möglichkeit ist
 was ist man denn dann
bestenfalls

Schlimmstenfalls ist man nichts
 bestenfalls ist man
nicht nichts

Aber was
wäre das
gegebenenfalls?

26.04.2019

## SCHÖNEN DANK AUCH

Stefan Kuntz – Gastkommentator beim DFB-Halbfinale Werder Bremen gegen Bayern München am 24. April 2019 – sagt zum Moderator Matthias Opdenhövel beim Betrachten einer Szene, in der der Bayern-Trainer Niko Kovač absichtlich einen zweiten Ball aufs Spielfeld kickt, um einen Angriff von Bremen zu verhindern: „Wenn man absolut erfolgreich sein will, muß man eben auch ein bißchen ein Drecksack sein. Und Niko lebt das vor."

Der Moderator und der Gastkommentator schmunzeln einander verständnisvoll zu.

Ich übermittle hiermit die Grüße aller Eltern, Erzieher und Lehrer Deutschlands an die beiden Fußballexperten: Schönen Dank auch. Ihr seid eine große Hilfe bei der Begleitung von Kindern und Jugendlichen ins wahre Leben. Ihr wißt, worauf es wirklich ankommt hierzulande und heutzutage.

27.04.2019

# DAS GIBT MIR WAS

Ich bin dir gefolgt. Über all die immer schneller schrumpfenden Schneeflächen der Arktis, in denen sich nur die Ureinwohner zurechtfinden, die mehr als vierzig Worte für Schnee haben.

Gefolgt bin ich dir durch die Atacama-Wüste Chiles, deren riesige Erdzeichen für Fremde nur aus der Luft erkennbar sind. Während die Einheimischen wissen: Die Fremden irren sich mit ihren banalen, profanen Erklärungen. Diese Zeichen sind doch und unbedingt Landebahnen für Außerirdische. Was sonst?

Und ich bin dir gefolgt über alle Songlinien Australiens, denen eigentlich nur die Aborigines folgen können. Und auch nur dann, wenn ihre Köpfe randvoll von Sonne sind. Kurz vor dem Hitzschlag.

Alle diese Wege bin ich gegangen. Ohne mich zu verlaufen. Hin und zurück. Denn ich hatte ja ein Ziel: dich.

Und dann fand ich dich, vor einem Iglu hockend und mit blutigen Händen eine Robbe ausweidend.

Und dann fand ich dich, knietief in Wolle stehend, wie du ein Alpaka schorst.

Und dann fand ich dich, den Reifendruck eines klapprigen Pick-ups prüfend an der einzigen Tankstelle am Ayers Rock im Umkreis von 700 Meilen.

Und jedes Mal sahst du zufrieden aus. Mich nicht brauchend. Mich vergessen habend. Und ich machte mich auf den Rückweg. Unverrichteter Dinge und so traurig wie eine unbenutzte Plastiktüte.

Aber es gibt mir was. Und ich werde es weiter versuchen. Den Blauen Nil aufwärts und den Weißen abwärts. Barfuß durch die Sahara. Und auf störrischen kleinen Pferden durch die Mongolei. Bis du mich irgendwann irgendwo ansiehst. Hallo zu mir sagst. Mich mit einem falschen Vornamen ansprichst. Und mich dennoch irgendwie schon immer kanntest.

Das gibt mir was. Und das gibt dir dann auch was. Und dann lieben wir uns.

17.05.2019

## DER GÜTERZUG DES GRAUENS

Hört ihr das auch
dieses Grummeln dieses Sausen
dieses Schaben dieses Brausen
dieses Wummern dieses Stöhnen
dieses Pfeifen dieses Dröhnen
dieses Knirschen im Gebälk

Seht ihr das auch
Menschen auf verlor'nem Posten

und die Außenposten rosten
    diesen Berg von Abfalltüten
und die allermeisten Blüten
    sind schon vor dem Blühen welk

Hört ihr das auch
    dieses Sirren in den Drähten
dieses Brechen aller Gräten
    dieses Heulen der Hyänen
oder ist das schon ein Gähnen
    diesen dumpfen Trommelschlag

Seht ihr das auch
    diese Knüppel zwischen Beinen
dieses Glashaus voll von Steinen
    dieses schwarze Segelstreichen
und die Nacht will gar nicht weichen
    an dem Übergang zum Tag

Es kommt näher immer näher
    manchmal langsam manchmal schnell
und man kann es klug beschreiben
    richtig intellektuell
es besteht kein Grund zur Panik
    die Behälter sind verplombt
eine Frage des Vertrauens
    weil der Güterzug des Grauens
trotzdem immer näher kommt

Auf der Lok ein irrer Führer
und der Heizer ist verrückt
beiden hat der nackte Wahnsinn
fröhlich ins Gehirn gefickt
und die Loko hat Motive
die der Teufel selbst ersann
er hat keinen Bock mehr im Detail zu stecken
also lenkt er diesen Güterzug der Schrecken
unaufhaltsam immer näher an uns ran

Und das Einzige was uns noch retten kann:
Die Verzögerungskultur der Deutschen Bahn

18.05.2019

## HEUTE BIN ICH DANKBAR

Heute bin ich dankbar. Einfach superdankbar. Ich weiß nicht, wem. Ob nun mir oder einer überpersönlichen Kraft. Aber ich weiß, wofür. Sehr genau weiß ich das sogar. Ich bin dankbar dafür, daß mir heute allem Anschein nach ABSOLUT NICHTS einfällt. Keine Idee. Keine Komposition. Kein Text. Totale Funkstille.

Mein Hirn ist leer wie eine windstille Hängematte ohne Hänger. Herrlich. Das ist nämlich ein ziemlich seltener, ein kostbarer Zustand für mich. Mir fällt fast immer etwas ein. Zu jeder x-beliebigen Tages- und Nachtzeit kann das passieren. Und passiert auch.

Gott, ich genieße es. Das Wort EINFALLFREI klingt für mich als einfallsgeplagten Menschen schon fast wie UNFALLFREI. Gott, ich bin sooooo dankbar.

Dankbar wie ein Ventilator, der sich nicht drehen muß. Dankbar wie ein Henker in einem Land ohne Todesstrafe. Dankbar wie eine Fernsehserie, die man Christine Neubauer auf den Leib geschrieben hat, die dann aber aus Kostengründen doch nicht gedreht wird. Dankbar wie ein Einsiedler seinem Haustier dankbar ist, einem Krebs, dafür, daß er sich nicht mit ihm unterhalten muß.

Tja, liebe Ideen, heute habt ihr Pech gehabt. Heute müßt ihr leider draußen bleiben. Ich habe geschlossen. Ich mache blau. Ich glotze stillvergnügt mit großen Kuhaugen vor mich hin. Meine Güte, ist das schön. Meine Phantasie räkelt sich und fühlt sich, als bekäme sie eine Ganzkörpermassage vom Nichts.

Ich weiß, ich weiß, das bleibt nicht lange so. Spätestens morgen werde ich es büßen müssen. Werde heimgesucht werden, überfallen, überschwemmt werden von Einfällen. Worten. Tönen. So war es jedenfalls bisher noch immer. Also laßt mich diesen Moment feiern. Den Ausfall der Einfälle. Denn wenn die Einfälle nicht ausfallen, hat das manchmal bei mir fast schon was von Durchfall. Ehrlich.

23.05.2019

# FALLENDE WÜRFEL

Dieses Geräusch. Das sind keine Hagelkörner, die auf ein Blechdach prasseln. Das sind fallende Würfel. Überall in Deutschland fallen gerade Würfel. Und das durchaus nicht vom Himmel. Sodaß man schon sehr bald – vielleicht spätestens morgen – sagen kann: Die Würfel in Deutschland sind gefallen. Ob es uns gefällt oder nicht. Denn wir haben es uns gefallen lassen. Und bald, sehr bald, wird nicht mehr erlaubt sein, was gefällt. Sondern es wird nur noch erlaubt sein, was uns nicht gefällt. In Deutschland und an Deutschland.

Wenn nämlich die Würfel gefallen sind, dann ist Schluß mit lustig. Aus das Spiel und Ende vom Lied. Außer vom Horst-Wessel-Lied. Und alle, alle, alle singen mit. Einstimmig. Und wer da nicht mitsingen will, spuckt blutigen Würfelhusten im Lager. Les jeux sont fait, wie Joseph Goebbels so treffend bemerkte, bevor er Magda und sich selbst erschoß im Wonnemonat Mai 45.

Und unsere Politiker – haha –, diese Kretins des amtierenden Ohnmachtskartells, die haben wieder mal das Fallen der Würfel nicht gehört, obwohl es lauter ist als jeder Schuß. Diese Beschwichtigungskasper denken immer noch, Nachhaltigkeit sei nur ein anderes Wort für Hinterhältigkeit. Und Klimawandel nur ein höflicher Ausdruck für den hetzender werdenden Umgangston öffentlichen Gequatsches. Unbezahlbares Wohnen, ständig zunehmende Verblödung unserer Lehrer und Schüler, Angriffe auf Juden in Deutschland, Ausgrenzung, Abgrenzung, Abschottung, Ausrottung …

Unsere Politiker sehen das alles mit ungläubigen Glubschaugen und kommen zu dem Schluß: Wir müssen noch mehr reden. Reden. Reden. Faseln. Schwafeln. Sabbeln. Sabbern. Hülsenworte produzieren bis zum letzten Atemzug. Bis die anderen endgültig da sind, die schon Erich Kästner mit den Worten beschrieb: Sie werden kommen und schweigen und töten. Die machen keine halben Sachen, und sie werden dabei über uns lachen.

Tschüß, Maybritt Illner. Tschau, Anne Will. Adios, Markus Lanz. Denn wenn die ihre Sache machen, machen sie sie ganz.

30.05.2019

## AN JEDEN, DER MIR NAHESTEHT

Ich verrate dich nicht mit dem, was ich schreibe und sage. Nichts von dir verrate ich. Da kannst du beruhigt sein. Insoweit du imstande bist, mir mehr zu vertrauen als irgendwelchen Stimmen aus der Leserschaft und Hörerschaft, die bei jeder Person, die in meinen Texten auftaucht, die Entblößung einer privaten Bekanntschaft, die Preisgabe einer intimen Nähe wittern – oder zu wittern meinen –, weil sie das wittern wollen. Sie bringen allenfalls schnüffelnde Neugier für den Geruch der schmutzigen Wäsche des Autors auf. Sie sind nicht zu der kleinen, aber lohnenden Anstrengung fähig, das Geschriebene und Gesagte durch die Brille und das Hörgerät der Poesie wahrzunehmen. Wo es dann ganz anders schimmert, leuchtet, bedeutet, hin-weist auf das Gemeinsame, das Allgemeine, das Wesentliche hinter allen zufälligen konkreten Einzelphänomenen.

Sicher, ich benutze Einzelteile von dir. Züge deines Charakters. Worte, Grimassen, Stimmungen. Aber ich führe nicht dich damit vor, sondern ich führe dich damit auf, als Rolle der gigantischen menschlichen Komödie. Farce. Tragödie. So wie ich das mit mir selbst auch halte. Ich benutze auch mich als Steinbruch. Ich benutze uns alle als winzige Teilproben auf das große Exempel, das die menschliche Gattung dem Rest der Schöpfung und dem Nichts gibt.

Leute, die nichts als Entblößungen und Preisgaben wittern, haben keinerlei Sinn für das Poetische. Bei denen sind der Hopfen der Phantasie und das Malz der Erkenntnis verloren. Die kann ich nicht erreichen. Die kann ich nicht öffnen. Die haben sich eingemauert in ihrer armseligen Beschränktheit und Schadenfreude.

Mir geht es um die, bei denen in den Augen dieses Funkeln ist. Diese Ahnung vom Geheimnis. Die man nur anstupsen muß, damit sie zur Gewißheit wird.

Niemand wird von mir verraten. Ihr werdet alle von mir aufbewahrt: für später, für früher, für jetzt immer.

01.06.2019

# ISMEN

Opti und Pessi
    beide sind Mist
weil es doch meistens
    leicht anders ist
als der Pessi befürchtet
    als der Opti erhofft
nicht immer vielleicht
    aber jedenfalls oft

Rea ist List
    so kommt man ans Ziel
man fürchtet und hofft
    allgemein nicht zuviel
wenn Pessi sich gruselt
    und Opti sich freut
bleibt Rea gelassen
    und das ist gescheit

Feti ist Schist
    und Ona ist Nist
Nisten und Schisten
    nur daß ihr's wißt
treiben es heimlich
    und schämen sich sehr
in den 60ern weniger
    dafür heut wieder mehr

Sex und Rass sind einfach Isten
so wie Fasch und Terror auch
die wir früherkennen müßten
denn wo Feuer da auch Rauch
und dann steh'n sie auf dem Schlauch

Mist und List und Schist und Nist
oder was du sonst noch bist
welche Macken du auch hast
als Filou und als Phantast
welche Götter du verehrst
was du unter'n Teppich kehrst
wem du weil du ihn so liebst
freiwillig dein Auto gibst
weil du lieber an ihm fummelst
als daß du ihn beim Skat beschummelst
du kannst sein so wie du willst
wenn du EIN Gebot erfüllst:
Halt dich von den Isten fern
die haben Andere gar nicht gern
sei kein Ist – bleib schön ein Werde
dann wirst du niemals Teil der Herde
die Isten in den Abgrund jagen

Mehr hab ich dazu nicht zu sagen

03.06.2019

# LISTIGE INNERLICHKEIT

Aber ich schimpfe doch zurück. Schmähe zurück. Verunglimpfe zurück. Im Kopf. Unhörbar.

Nur die Lippen dürfen sich nicht dabei bewegen, sonst schlagen sie mir vielleicht die Lippen blutig, wenn sie Lippen lesen können.

Und ich schlage auch zurück. Mit der Faust. In Gedanken. Und ich balle sie danach und reibe sie mir mit der anderen Hand, weil ich mir ja ausmale, daß es ganz schön wehtun würde, wirklich zurückzuschlagen. Äußerlich bleibt meine Faust ganz ruhig. Das ist meine List. Nur ein leises Zornesbeben wäre ihr anzumerken, wenn man sie ganz aus der Nähe betrachten würde. Was ich aber jederzeit als ein kleines Nervenleiden erklären könnte. Haha. So einfach kommen sie mir nicht bei.

Ich habe mir das alles gründlich überlegt. Ich bin ihnen nämlich geistig überlegen. Ihnen und ihrer rohen Gewalt. Ihnen und ihren primitiven Sprüchen. Sie treffen mich gar nicht, wenn sie mich beleidigen, wenn sie mich demütigen, wenn sie mich schlagen. Da stehe ich drüber. Darüber bin ich erhaben. Sie treffen nur einen rein äußerlich wehrlosen Körper. Aber innerlich bin ich gewappnet. Innerlich bin ich auf alles vorbereitet. Innerlich habe ich auf alles eine Antwort, die sie zwar nicht verstehen würden. Aber sie würden ja sowieso rein gar nichts verstehen, weil sie ja gar nichts verstehen wollen, sondern nur mich vernichten.

Sollen sie mich doch erschlagen. Sollen sie mich doch erschießen. Sie ahnen ja gar nicht, sie können ja überhaupt nicht ahnen, welche ungeheuren Antworten ich darauf hätte. Haben werde. Rein innerlich. Als Toter. Der Himmel wird davon einstürzen. Rein theoretisch, natürlich.

06.06.2019

## MEINE ZWANGSVORSTELLUNG

Zum Thema Zwangsvorstellungen hätten wohl sehr viele Menschen etwas zu berichten. Ich glaube sogar alle. Aber manche schämen sich und trauen sich nicht.

Meine geht so: Du räumst mein Zimmer auf, was mir eigentlich gar nicht recht ist, obwohl ich nicht begründen könnte weswegen, außer daß ich nie etwas wiederfinde, wenn du aufgeräumt hast. Aber du warst nicht davon abzuhalten. Und dabei entdeckst du etwas. Rein zufällig. Du hast keineswegs danach gesucht. Ein Photo. Einen Brief. Und beides sind für dich unbezweifelbare Beweise dafür, daß ich dich mit einer anderen Frau betrüge.

Blaß wie eine weiße Wand zeigst du mir das Photo und den Brief. WARUM?, fragst du leise. WARUM? Und ich, ich bin wie vom Donner gerührt. Ich werde dunkelrot, bekomme einen Schweißausbruch, versuche etwas zu sagen. Aber schon beim zweiten Wort gerate ich ins

Stottern. Hilflos und wehrlos. Jawohl, wehrlos muß ich zusehen, wie du deine Sachen packst und gehst.

Die Sache ist nämlich die: Ich habe dich überhaupt nicht betrogen. Nicht einmal in Gedanken. Ich kenne die Frau auf dem Photo, die Briefschreiberin nicht. Bin ihr noch nie in meinem Leben begegnet und habe nicht die geringste Ahnung, wie die beiden Dinge in mein Zimmer gekommen sind.

Dann bist du fort. Ich bin allein und betrachte das Photo noch mal und lese den Brief noch mal und bin schon wieder vom Donner gerührt, denn das Bild zeigt doch dich. Und der Brief trägt deine Handschrift. WARUM?, schreie ich. WARUM? WARUM?

Plötzlich klingelt das Telefon. Sein Klingeln klingt sehr fremd und sehr weiblich. Und statt ranzugehen, wache ich auf.

11.06.2019

# GESINNUNGSVEGETARIER

Ich kann die Welt nicht ändern. Wir können die Welt nicht ändern.

Oder doch? Ich weiß es nicht. Wir wissen es nicht. Irgendwie ändern wir sie sowieso ständig durch alles, was wir tun und lassen. Aber ob das steuerbare Prozesse sind, die wir da in Gang setzen, oder lediglich kosmetische Korrekturen an einer Lawine, die so oder so ins Tal donnert, das weiß keiner, wenn er ehrlich ist.

Also will ich wenigstens mich selbst ändern. Bei mir selber anfangen. Das muß doch möglich sein. Ich bin doch wohl eine leidlich überschaubare Größe. Meine verborgenen Tiefen und Untiefen klammern wir jetzt mal aus.

DU MUSST DEIN LEBEN ÄNDERN, hat Rainer Maria Rilke in einem wunderbaren Gedicht geschrieben. Rilke war einer unserer bedeutendsten Lyriker, und der hätte so was doch wohl nicht formuliert, wenn das überhaupt nicht machbar wäre. Also habe ich, auf Rilke vertrauend, beschlossen, Vegetarier zu werden. Das ist nichts Gigantisches. Aber was Vernünftiges. Immerhin ein Anfang.

Vegetarier sein fand ich im Prinzip schon immer gut. Ich bin überzeugter Sympathisant des müslimischen Glaubens, und deswegen habe ich beschlossen, das in die Tat umzusetzen. Das Dumme ist nur: Schon 27-mal habe ich das beschlossen. Mit mäßigem Erfolg. Mein Rekord als Vegetarier liegt bisher bei neun Tagen. Am zehnten Tag habe ich beim Frühstück wie ein Löwe meine Frau angebrüllt: „Wenn ich nicht jetzt sofort ein Leberwurstbrot bekomme, beiße ich dir in deine linke Po-Backe!“

Himmel, Arsch und Zwirn, ist das schwer, so ein Vorhaben durchzuhalten. Mit dem Rauchen aufzuhören war ein Kinderspiel dagegen. Ich bin auch richtig zerknirscht. Jedes Mal, wenn ich wieder schwach werde, bin ich richtig wütend auf mich. Manchmal denke ich, ich müßte mich bestrafen. Mit Soja-Bratlingen und Tofu. Aber das finde ich dann doch zu hart. Da würde ich die Todesstrafe bevorzugen. Doch die ist bei uns ja abgeschafft.

Also verzeihe ich mir schweren Herzens, freue mich auf meinen nächsten, den 28sten Versuch und bleibe mir immerhin treu als aufrichtiger, einsichtiger, theoretischer, eingefleischter Gesinnungsvegetarier.

13.06.2019

# HITLER TV

Sex und Nazis Sex mit Nazis
    lecker Sex Stiefelleckersex
Hakensex Ösensex Hakenkreuzsex
    das ist gut das bringt Quoten für Hitler TV
Hitlers Frauen
    Hitlers Hunde
Hitlers Turnschuhe
    Hitlers Unterhosen von SCHIESSER

bei jedem Sex ist Gewalt im Spiel
    ob unbewußt oder bewußt Herrschaftsphantasien
Gewaltphantasien Vergewaltigungsphantasien
    warum dann nicht gleich mit denen die sich damit
    auskennen
Braune Seiten das Branchenbuch für Endlöser
    warum denn nicht gleich so
das ist gut das bringt Quoten für Hitler TV
    aufklären muß man
schonungslos aufklären das dient alles nur
    der Aufklärung
haha
    der Feindaufklärung der Sexualkunde
die Bienen sind die Stuka's beim Überfall auf Pollen
    Fleischerhakensex Hakennasensex
Haken-und-Mösen-Sex in frisch gewichsten Stiefeln
    das ist gut das bringt Quoten
Hitler TV schlägt Kai Pflaume und Jörg Pilawa Anne Will
und Maybritt Illner
    in der Publikumsgunst
der Zuschauer entscheidet
    der tatenlos Zuschauende entscheidet
Hitler TV das Bombenprogramm für Schlachtenbummler
    und dazu Arschmusik Marschmusik Einmarschmusik
den ganzen lieben langen Tag lang und nachts mit
Blitzkriegbeleuchtung
    der Zuschauer hat abgestimmt
in freier und geheimer Wahl

hat er seine Stimme abgegeben für immer und
unwiderruflich
an einen Größeren
Lauteren Unlauteren
Toten Untoten
an den alten und neuen Spielführer einer deutschen
Nationalmannschaft
von 80 Millionen geistig Heimatlosen
80 Millionen Möchtegernmüllern
Warmduschern und Fahrradstahlhelmträgern
Hitler TV
vom Quotenbringer zum Totengräber
wer ist schon Berlusconi
wer ist schon Trump
denen würde Hitler nicht mal die Hand geben
die würde Hitler vom Berghof jagen lassen
diese Einwegflaschen wohingegen ER doch
zu hundert Prozent recycelbar ist
freuen Sie sich heute abend auf
Hitlers Fußnägel und das Schwarze darunter
und Hitlers Küchenkesselschlacht
Prädikat: SS
sehr sehenswert

14.06.2019

# DAS PROBLEM MIT DER WAHRHEIT

In Wahrheit ist es nämlich so: Keiner in der Politik sagt die Wahrheit. Keiner.

Die einen sagen nicht die Wahrheit, weil sie zu dumm sind, sie zu begreifen. Sie glauben tatsächlich ihre selbstfabrizierten oder aufgeschnappten Halbwahrheiten, Viertelwahrheiten und Irrtümer. Und predigen sie uns treuherzig, aber beschränkt.

Und die anderen sagen nicht die Wahrheit, weil sie sie kennen. Und weil sie sie begreifen. Und das bringt sie zu der Überzeugung, daß die ganze, die volle Wahrheit dem Wahlvolk nicht zumutbar ist. Daß kein Politiker gewählt würde, der dem Wahlvolk die volle und ganze Wahrheit sagt.

Denn diese Wahrheit ist so unbequem, so unangenehm, so schmerzhaft, daß sie die Wähler treffen würde wie ein Stromschlag. Und dann würden die Wähler zurückzucken wie Vieh. Wie Stimmvieh. Und einen anderen Weg entlangtrotten.

Denn die ganze und volle Wahrheit würde von den Wählern so fundamentale Verhaltensänderungen verlangen, würde so tiefe Einschnitte in die lieb gewordenen Gewohnheiten bedeuten, daß die Wähler bockig und uneinsichtig ihre letzten Hoffnungsreserven doch weiterhin auf das Altbekannte, Altbewährte setzen würden.

So schlimm wird es schon nicht kommen. Et hätt noch immer jot jegange. Und ergriffen von sich selbst und von der eigenen Sensibilität für die Probleme unserer Zeit, würden die Wähler in ihren SUVs im Stau auf der Autobahn die Berichte über Fridays For Future lesen. Und im Flieger auf dem Weg in den wohlverdienten Urlaub auf den Malediven die Reportagen über den unaufhaltsamen Aufstieg der Grünen. Während ein kleines Teufelchen in ihren Hinterköpfen flüstert: Man könnte ja auch mal, um diesen eingeschlafenen Polit-Laden in Berlin mal richtig aufzumischen, AfD wählen. Und dann liegen sie an den Traumstränden der Malediven. Und werden braun. Ein bißchen. Nicht zu sehr.

Also kann man sagen, daß die Politiker, die die Wahrheit kennen und sie uns verschweigen, uns belügen. Mit Recht, weil es nun mal zur Wahrheit gehört, daß sie auch uns kennen.

16.06.2019

# WERDET ELITE!

Liebe Leute, ein herzlicher Appell an euch alle. Es ist zu eurem Besten, glaubt es mir: Werdet alle Elite. Bildet euch. Strengt euch an. Bringt euren Grips in Schwung. Lest Bücher.

Also nicht nur Rosamunde Pilcher, das schreibende Hetero-Heiratsinstitut. Oder Richard David Precht, den Florian Silbereisen der Philosophie. Sondern richtige Bücher.

Also mindestens Asterix und Obelix. Warum nicht auch mal Schopenhauer oder Marx oder Kafka. Und hört klassische Musik. Also nicht etwa Dieter Bohlen, diesen unerträglichen Preis der Freiheit, den Indizienbeweis dafür, daß es eine Hölle geben muß. Sondern Led Zeppelin und Jimi Hendrix und Brahms und Mahler. Werdet allesamt Mitglieder der Eliten.

Dann haben Politiker vom Typ Diktator – also Hitler, Stalin, Mao, Erdogan, Kim, Boris Johnson, Orban, Kaczynski und Trump – keine Chance mehr. Alle Politiker vom Typ Diktator hassen Eliten, weil Eliten immun sind gegen ihre Verblödungsversuche. Diese Politiker behaupten immer, die dummen kleinen Leute zu lieben, den hart arbeitenden einfachen Massenmensch, und seine Stimme zu sein, um ihn dann mit seiner eigenen Stimme kaltlächelnd ins Elend zu stürzen und in den Tod zu schicken. Nur Eliten können das verhindern. Elitefeindlichkeit auf allen Gebieten ist immer ein untrügliches Anzeichen für das Heraufdämmern finsterer totalitärer Zeiten.

Seid belesen. Seid klug. Seid gelassen. Dann haben Regierungsbestien mit dem epileptischen Schaum der Machtgeilheit vor dem Maul keinen Zugriff mehr auf irgendwen. Dann finden sie kein Gehör mehr. Kein Verständnis. Keinen Beifall. WOLLT IHR DEN TOTALEN KRIEG? Nö. Dann schlitzen sie sich mit ihren sich selbst verliehenen Orden die Pulsadern auf.

Ich weiß: Vielleicht ist es nicht so einfach. Aber was Besseres fällt mir auch nicht ein. Werdet Elite. Alle. Ich bitte euch. Es wird euer Schaden nicht sein.

22.06.2019

# HÄRTER DURCHGREIFEN

Das Radio sollte wirklich keine Wunschkonzerte mehr veranstalten. Es tut sich keinen Gefallen damit. Denn dann rufen die Hörer an – massenweise –, und wünschen sich die Musik, die sie tatsächlich gerne hören würden. Also richtig gute Rock- und Popmusik aus den 60er, 70er, meinetwegen auch noch aus den 80erJahren. Und nicht diesen gegenwärtigen Dreck. Dieses stumpfsinnige, stampfende, debile Gelalle von heute, das ihnen das Radio aufzwingen will. Das man ihnen in die Ohren stopft und würgt wie den armen Gänsen die Leber in die Hälse.

Und das Fernsehen sollte keine wirklichen Menschen mehr einladen zu Diskussionsrunden, sondern geklonte

Mutanten, die automatisch das plappern, was die weltanschauungssicheren Oberlehrer in den Redaktionen hören wollen.

Neulich waren im SWF in der Sendung „Kaffee oder Tee" fünf junge Damen und eine Moderatorin versammelt. Die Moderatorin wollte von den Frauen nichts WISSEN, sondern nur das bestätigt bekommen, was die Redaktion ihr als die einzig gültige politisch korrekte Wahrheit auf den Zettel geschrieben hatte, nämlich: „Ihr kuckt doch bestimmt alle begeistert Frauenfußball oder?"

Zum Entsetzen der Moderatorin sagten vier Frauen: „Nö, interessiert mich nicht."

Und die fünfte Frau brachte die Moderatorin an den Rand des Nervenzusammenbruchs, als sie hinzufügte: „Ich kucke nur Männerfußball."

In heller Panik griff die Moderatorin zu einem vorbereiteten Kärtchen und las mit vor Erregung bebender Stimme ab: „Also, ich habe hier eine Mail von Jochen aus Worms, der Frauenfußball ganz toll findet. Und das ist doch ganz toll, finde ich."

Zwei der jungen Frauen sagten dann noch lächelnd zum krönenden Abschluß: „Das Einzige, was uns an Fußball reizt, sind so Sachen wie die Trennungsgerüchte bei Mats Hummels und seiner Freundin."

Ich meine, daß die Medien härter durchgreifen müssen. Das geht so nicht, daß wirkliche Menschen ihre wirklichen Vorlieben äußern und ihre wirklichen Meinungen sagen. Die müssen alle ins Umerziehungslager für richtiges erwünschtes Denken bei Wasser und Tofu. Alle. Aber ruckzuck!

29.06.2019

# DANKE, RUDOLF

Morgen Nacht ist es so weit. Ich habe lange darauf hingearbeitet. Strengste Geheimhaltung gewahrt. Niemand weiß, was ich vorhabe. Nicht einmal meine Frau. Natürlich nicht einmal die. Sie würde es überall herumerzählen. Aus Sorge um mich. Um mich davon abzuhalten.

Um es mir unmöglich zu machen. Und selbstverständlich weiß die Führerin auch nicht Bescheid. Ich will sie ja überraschen. Ich will sie vor vollendete Tatsachen stellen.

In letzter Zeit hatte ich den Eindruck, ich bin ein bißchen in Ungnade gefallen bei der Führerin. Sie schneidet mich. Ignoriert mich geradezu. Ich gehöre nicht mehr zum engeren Kreis. Eine Meute von Speichelleckern und Ja-Sagern hat mir meinen angestammten Platz streitig gemacht. Aber ich werde ihn zurückerobern. Mein tollkühner Handstreich wird die Führerin begeistern. Gerührt wird sie sein. Um Verzeihung wird sie mich bitten. Ich werde wieder zu ihrer Rechten sitzen dürfen. Oder zu ihrer Linken. Ganz wie ich will.

Ich werde meine Vision in die Tat umsetzen. Das wird den Lauf der Geschichte entscheidend verändern. Morgen

Nacht schnappe ich mir einen Fieseler Storch und fliege nach England. Zum perfiden Albion. Ich muß nur unsere eigene Luftabwehr überwinden. Aber das dürfte ja nicht allzu schwierig sein. Unsere Bundeswehrmacht ist ja dermaßen unfähig. Die kann ja wirklich höchstens Luft abwehren.

Über England springe ich mit dem Fallschirm ab und lasse mich zu Paul McCartney bringen. Der Mann hat Einfluß da drüben. Ich habe mal bei einem Empfang in Düsseldorf an seinem Nachbartisch gesessen. Mit ein bißchen Glück erinnert er sich an mich. Und wird mir eine Unterredung mit der britischen Regierung vermitteln. Oder mit dem, was von ihr noch übrig ist.

Ich werde dafür sorgen, daß die Tommys auf den Brexit verzichten. Und im Triumphzug werde ich nach Berlin zurückkehren. Die Führerin wird Tränen in den Augen haben. Und im Namen des ganzen deutschen Volkes wird sie schluchzen: „Das hast du gut gemacht. Du bist und bleibst mein bester Mann. Danke, Rudolf."

04.07.2019

# DAS GLÜCK IST

Das Glück ist eine Dachrinne voller Laub
    die man leerräumt
ohne von der Leiter zu fallen

Das Glück ist eine schöne Bibliothekarin
    deren Rücken man unabsichtlich streift
auf der Suche nach einem Gedichtband
    in den Regalen

Das Glück ist eine Versammlung von alten Freunden
mit denen man auch nach Jahrzehnten noch sprechen
kann
    ohne ein einziges Mal zu heucheln

Das Glück ist ein stilles Weinen
    auf einem abgeschabten Gangplatz
in einem leeren Kino nachts

Das Glück ist Lust zu haben
    einem wildfremden Menschen auf der Straße ein
    Frohes Fest zu wünschen
an jedem beliebigen Tag des Jahres

Das Glück ist
    den Fuß einer Frau zu küssen
und die ganze Welt zu schmecken

Das Glück ist
keine Angst zu haben
hin und wieder

Das Glück ist
sich vorstellen zu können
ein Labrador zu sein

Das Glück ist
so gelassen dem Tod entgegenzuleben
wie der greise Ian MacKellen
in seiner Filmrolle als Mister Holmes

Das Glück ist
eine kleingeschnittene rohe Zwiebel
auf einem Batzen Speisequark

Und nicht der Weltfrieden
und nicht soziale Gerechtigkeit
und dieser ganze wichtige Quatsch
und dieses ganze ehrenhafte ekelhafte Blablabla

Das Glück ist nicht groß
es ist klein
ganz klein

05.07.2019

# IN TEUFELS KÜCHE

Hmmm
    da möchte man schon mal
da könnte man schon mal
    da würde man schon mal
wenn es nichts kosten würde
    wenn man damit durchkäme
wenn man keine Nachteile davon hätte
    hmmm
hmmm
    diese pralle Brieftasche auf dem Bürgersteig
dieses offene Auto
    wo der Zündschlüssel steckt
diese schöne junge Frau
    die unter ihrem Sommerkleidchen
nackt ist
    hmmm
da juckt es einen schon
    zuzugreifen
durchzustarten
    fremdzugehen
wenn man ehrlich ist
    sich selbst gegenüber
und kaltschnäuzig unehrlich
    gegenüber allen anderen
wenn man nicht ertappt würde
    auf frischer Tat

wenn man nicht erwischt würde
   mit heruntergelassenen Hosen
jeder kennt diesen Gedanken
   ob er es zugibt oder nicht
nur die Widerstände gegen ihn
   sind unterschiedlich stark ausgeprägt
nicht jeder ist gefestigt
   nicht jeder ist dagegen gefeit
die Menschen sind keine wandelnden Gesetzbücher
   sie sind willensschwache aber bedürfnisstarke
   Fleischbeutel
und wer den Moralapostel gibt
   ist vielleicht am schwächsten
hmmm
   Gelegenheit macht Diebe und Liebe
bringt den stärksten Vorsatz ins Wanken
   wirft den überzeugtesten Prinzipienreiter aus dem
   Sattel
Begierde krümmt den Blick
   und macht die 5 zur geraden Zahl
der Zustand der Begierde ist vermutlich der einzige Zustand
   in dem man der eigenen Feigheit dankbar sein muß
dafür daß sie uns beschützt
   vor dem Einbruch in Teufels Küche
oder
   hmmm
hmmmmm …

10.07.2019

# BRILLENPUTZTUCH

Zu den wenigen Vorteilen des Älterwerdens
    gehört der Zuwachs an Unterscheidungsvermögen
zwischen dem was wirklich wichtig
    und dem was weniger wichtig ist
oder unwichtig

In der Kindheit kann man das überhaupt nicht wissen
    die ganze Welt ist neu
die ganze Welt ist morgenfrisch
    und alles ist wichtig
irgendwie

In der Jugend ist man hormongesteuert
    der Blick ist triebverengt
und eigentlich ist überhaupt nichts wichtig
    außer dem Körper der Freundin
oder des Freundes

Als Erwachsener steht man unter Erfolgsdruck
    Geld ist wichtig
Karriere Status
    man ahnt zwar daß das nicht alles ist
aber das verdrängt man

Im Alter schließlich
    gelangt man zu Reife und Einsicht

man lächelt amüsiert
　　über die Irrtümer der eigenen Vorzeit
und man weiß:

Richtig wichtig ist es
　　ein Tuch zu haben
ein schönes sauberes Tuch
　　um eine Brille putzen zu können
die keine Gläser hat

14.07.2019

# PLÖTZLICH

Plötzlich merkt man es war alles gar nicht wahr
　　plötzlich weiß man es war alles nur gespielt
so verging mal schnell mal langsam Jahr für Jahr
　　und wenn DAS ein Deal war war er schlecht gedealt

Und man steht vor einer falschen Zimmertür
　　und man trägt am Leib ein völlig falsches Hemd
jemand klopft von innen und er will zu dir
　　und das Hemd ist in dem Türschlitz eingeklemmt
Unfreiwillig kriegst du die Gespräche mit
　　die dein Partner über dich mit anderen führt
auf dem Weg bergab verlangsamt sich dein Schritt
　　und dein Schal hat dir die Kehle zugeschnürt

Plötzlich merkt man: Wie es aussieht ist es nicht
    plötzlich weiß man: Es ist schlimmer als es scheint
und man wischt sich einen Schmerz aus dem Gesicht
    der zu Boden fällt und dort dann weiterweint

Und das Ding in deinem Knopfloch ist verwelkt
    eine Nelke wie man unschwer sehen kann
ist jetzt auch egal es hat sich ausgenelkt
    denn es sprach dich auf dein Zeichen niemand an

In der Nacht ist deine Haut dir viel zu weit
    eine Tropfsteinhöhle ohne Notausgang
und du schlotterst dich durch deine Einsamkeit
    bis ein Henkersknecht dir zuruft: Hier entlang

Plötzlich fliegt man aus dem Karussell heraus
    das sich schneller als ein Peitschenkreisel dreht
und es sieht auch überhaupt nicht danach aus
    daß der Jahrmarkt hier noch lang so weitergeht

In der Ferne rufen Glocken zum Appell
    doch die Engel haben heut was andres vor
für den Herrgott klingen Glocken wie Gebell
    und er fühlt sich wie ein Leiter ohne Chor

In den Schulen sind die Klassenzimmer leer
    denn die Kinder demonstrieren gegen nichts
also braucht man keine Flüchtlingsheime mehr
    eine Frage des sozialen Gleichgewichts

Plötzlich greifst du dir dein Messer und du ritzt
dir ein Monogramm in deine linke Hand
gerne hättest du was Großes aufgeschlitzt
nicht nur Luft mit ihrem schwachen Widerstand

Plötzlich gibt es überhaupt kein Plötzlich mehr
nur noch Immer aber das für alle Zeit
du bist eingesperrt in einem Kreisverkehr
ohne Ausfahrt in die Ewigkeit

19.07.2019

## SUPERGAU(DI) IM KABINETT

Herr Bundeskanzlerin, Herr Bundeskanzlerin, es ist etwas Furchtbares passiert.

Um Himmels willen, was denn? Hat sich Donald Trump geschlechtsumwandeln lassen

Nein, schlimmer, viel schlimmer!

Gibt es ein Regierungsmitglied mit ungeschummeltem Doktortitel? Ist der Generalstab der Bundeswehr geschlossen bei den Anonymen Alkoholikern eingetreten?

Nein, nein, schlimmer.

Wird die Loriot-Partei die nächste Wahl gewinnen und eine Groko bilden zusammen mit der Böhse-Onkelz-Partei?

Ach wo, es ist viel entsetzlicher.

Aber was denn? So rede Er doch endlich.

Der Innenminister hat in einem Fernsehinterview tatsächlich auf eine ihm gestellte Frage geantwortet.

Reden Sie keinen Blödsinn, Mann, das kann nicht sein.

Ist aber so.

Gütiger Gott, das ist die schlechteste Meldung seit Stalingrad. Was machen wir denn jetzt?

Wir haben ihm schon die Lippen zunähen lassen. Lebenslanges Auftrittsverbot natürlich. Er wird durch die Nase ernährt, für unzurechnungsfähig erklärt und in einer geschlossenen Anstalt aufbewahrt.

Sehr gut, sehr gut. Also, tschüß, ich muß dann jetzt auch los. Phototermin. Demonstrierende Klimakinder küssen.

Sie haben es auch nicht leicht, Herr Bundeskanzlerin. Und was ist mit Ihren Zitteranfällen? Sind Sie krank?

Quatsch. Ich muß nur immer so lachen bei öffentlichen Anlässen und darf es mir nicht anmerken lassen. Das schüttelt mich so durch, da werde ich zum Wackeldackel.

Wuff.

Hahaha. Aus jetzt. Sitz.

22.07.2019

# DOPPELSPITZE

Wenn man mich fragt, was ich vom heute wieder hysterisch aufflammenden Geschlechterkrieg halte, kann ich aus meiner Sicht und Lebenserfahrung nur sagen: Frauen sind die besseren Frauen und Männer sind die besseren Männer.

Damit will ich keinesfalls zum Ausdruck bringen, daß Frauen schlechtere Männer sind und Männer schlechtere Frauen. Oder eigentlich doch. Genau das will ich eigentlich sagen. Jedes Geschlecht ist, wie es ist; in seinem So-Sein, wie die Philosophen sagen würden.

Frauen sind Frauen und Männer sind Männer. Es gibt klügere, dümmere, stärkere, schwächere, hübschere, hässlichere, gütigere, bösere Frauen. Und das Gleiche gilt für Männer. Kein Geschlecht hat die Weisheit oder sonst was gepachtet. Das ist nichts als Propaganda, die auf Minderwertigkeitskomplexen beruht. Eine Überlegenheit des einen über das andere oder des anderen über das eine Geschlecht vermag ich nicht zu erkennen. Es gibt wunderbare und furchtbare Frauen. Es gibt großartige und katastrophale Männer.

Niemand ist prinzipiell besser, nur weil er ist, was er ist. (Das gilt übrigens auch für Rassen und ganz besonders für Rassisten.) Es kommt immer darauf an, was er daraus macht, was er ist. Und es geht immer schief, wenn er versucht etwas daraus zu machen, was er NICHT ist.

Oh Entschuldigung. Jetzt habe ich immer nur „er" gesagt und mich nicht an das politkorrekte Doppelspitzensprech gehalten. Liebe Hörerinnen und Hörer, Leserinnen und Leser, Streithennen und Streithähne, Sündenböcke und Sündenziegen, MENSCHINNEN UND MENSCHEN.

Frauen sind keine Männer. Und Männer sind keine Frauen. Das IST so, WAR so und WIRD immer so sein. Von dieser Grundspannung, die kein Grundwiderspruch sein muß, lebt die Welt. Daran ändert auch nichts, daß manche Frauen Frauen lieben und manche Männer Männer. Die Natur ist verschwenderisch. Sie leistet sich so manche Buntheit. Sie ist nicht monochrom. Und schon gar nicht monoton.

Ich weiß nicht, ob eine Doppelspitze aus Mann und Frau die SPD retten kann. Aber ich bin zutiefst davon überzeugt, daß NUR die Doppelspitze aus Mann und Frau die Welt retten kann.

26.07.2019

## MEIN UNSICHTBARER SUPER-ADLER

Was ist, wenn er stirbt, mein unsichtbarer Super-Adler, der mich immer gerettet hat?

Vor gefühlten 100 Jahren haben mich meine Kumpels auf einem Amerika-Trip in den Grand Canyon gestoßen. Wir hatten alle ziemlich viel getrunken und fanden das lustig. Also, die andern lachten deutlich mehr als ich. Und wie ich so hinabstürzte und innerlich mit meinem jungen, viel zu kurzen Leben abschloß, wurde ich plötzlich weich abgefangen. Es fühlte sich nach Gefieder an. Aber zu sehen war nichts.

„Hallo", krächzte eine Stimme. „Ich bin es, dein unsichtbarer Super-Adler. Ich bin für dich abkommandiert. Freut mich, deine Bekanntschaft zu machen. Aber jetzt Vorsicht. Halt dich gut fest."

Und so flogen wir davon und landeten sicher am Stadtrand von Phoenix, Arizona. Meine Kumpels staunten nicht schlecht, als sie mich dort quicklebendig wiederfanden.

Seitdem ist es ihnen eine liebe Angewohnheit geworden, mich überall, wo wir hinkommen, von irgendeiner Klippe zu schubsen. In irgendeinen Abgrund. Zwar glauben sie mir nicht, daß ich einen unsichtbaren Super-Adler habe. Aber Tatsache ist nun mal, daß ich jeden Absturz überlebe. Eigentlich ist es ihnen egal, wie ich es mache. Hauptsache, ich kriege es irgendwie hin und sie haben ihren Spaß.

So geht das nun schon gefühlte 100 Jahre lang und meine Angst wird von Jahr zu Jahr größer. Denn irgendwann wird er sterben, mein unsichtbarer Super-Adler. Er ist der einzige, der erste und letzte seiner Art, und wenn er tot ist wird, mir keiner meiner Kumpels glauben, daß der Trick nicht mehr funktioniert. Ich werde fallen und fallen. Und aufprallen. Wenn der liebe Gott kein Einsehen hat und aus mir den nächsten unsichtbaren Super-Adler macht.

28.07.2019

## DURCHGESTRICHEN

Nur was ich durchgestrichen habe
nur was in den Papierkorb fiel
war wirklich wichtig gut gelungen
war mehr als nur ein eitles Spiel

Nur was ich ausradieren mußte
nur das was unvollendet blieb
nur das was keiner besser wußte
war das was ich mit Herzblut schrieb

Man quält sich rum mit den Dämonen
die man sich angelesen hat
die eigentlich woanders wohnen
als in der eignen Stirnenstadt

Man fürchtet man hat nichts zu bieten
so daß man maßlos übertreibt
man sehnt sich nach Applausrenditen
und glaubt ja selbst nicht was man schreibt

Nur was ich nicht zu Ende brachte
nur was ich unbeholfen fand
das war so eindringlich und ehrlich
wie Linien in der eignen Hand

Nur was ich durchgestrichen habe
ganz heimlich leise schamhaft still
das war der wahre alte Knabe
der nicht erwachsen werden will

29.07.2019

## SOULFUCK

Ich will gar nicht deinen Körper, Baby. Ich will nur deine Seele. Aber da die Seele nun mal im Körper wohnt, nehm ich halt den Körper gleich als Zugabe mit, okay? Und da man die Seele nicht sehen kann, nicht anfassen, muß ich mich eben auch in dieser Beziehung an deinen Körper halten, Baby.

Und ich muß sagen, du hast wirklich eine schöne Seele. Griffig. Weich. Warm. Eine schöne, griffige, weiche, warme Seele. Eine Seele, die sich sehen lassen kann. Auch mit wenig oder gar nichts an. Ehrlich. Deine Nacktheit ist ja schließlich die wahre Kleidung deiner Seele. Alles, was du anziehst, ist ja nur die Kleidung dieser Kleidung, also überflüssig.

Du siehst, ich habe es wirklich auf deine Seele abgesehen. Ich will deiner Seele so nahe wie möglich sein. Also nicht dir an die Wäsche gehen, sondern deiner Seele, und ich muß sagen, deine Seele macht ihre Sache gut. Verdammt gut. Deine Seele hat Talent.

Ich denke, deine Seele bekommt die Rolle. Es ist ein Liebesfilm, wie du dir sicher schon gedacht hast. Hähähä. Eine radikale Neuinterpretation von Shakespeare. Der Titel ist SOULFUCK. Den Julio spiel ich selber und du die Romika.

29.07.2019

## HERR SEELENVERKÄUFER

Guten Tag, Herr Seelenverkäufer, ich bin der lästige Kunde aus der Warteschleife. Mein Name ist übrigens König. Aber das interessiert Sie bestimmt nicht. Ich hätte da ein Anliegen. Ich hätte nämlich gerne einen Computer, der weniger kann, verstehen Sie? Also nicht mehr als sein Vorgängermodell, dafür aber noch teurer ist und noch schneller kaputtgeht, sondern weniger. Am besten viel weniger. Am allerbesten gar nichts.

Oder anders gesagt: Ich hätte am liebsten keinen Computer und wäre sogar bereit, dafür Geld zu bezahlen. Und noch lieber hätte ich es, wenn niemand mehr einen Computer hätte. Wenn Sie diesbezüglich die Zeit zurückdrehen könnten, Herr Seelenverkäufer. Bei dem wochenlangen Warten in der Warteschleife bin ich nämlich darauf gekommen, daß Sie, Herr Seelenverkäufer, der Teufel sein müssen. Und Sie könnten das, was ich will, wenn Sie nur wollten. Aber Sie wollen das natürlich nicht. Sie wollen nicht wieder in die Zeit zurück, wo Menschen Landkarten studiert haben, wenn sie irgendwohin wollten. Wo Menschen Bücher gelesen haben, wenn sie irgendwas wissen wollten. Wo Menschen sich miteinander unterhalten haben, wenn sie Mensch sein wollten. Wo Menschen also noch Menschen waren, mündige Menschen, die Ihnen widerstehen konnten, Herr Seelenverkäufer. Zumindest öfter als jetzt.

Sie sind ein Feigling, Herr Seelenverkäufer, und ein Schwächling. Sie machen es sich zu leicht. Sie züchten hirntote Bildschirm-Junkies. Sie fürchten den Menschen als Gegner. Und kommen Sie mir jetzt bloß nicht mit Fortschritt. Sie wissen am besten, was Fortschritt bedeutet. Ein Schrittchen vor dem Abgrund.

Sie Menschheitsvernichter. Sie Hitler, Stalin und Mao in einer Person. Sie ... Sie ... hallo? Oh ich komme endlich durch. Ich dachte, die Warteschleife endet nie. Nein, nein das war nur ... ich hab nur ... ein bißchen vor mich hin gebrabbelt. Also, ich möchte Ihr neuestes Modell bestellen bitte. Lieferung frei Haus. Danke. Supi.

02.08.2019

# IN DER VERBLEIBENDEN ZEIT

Was MACHE ich eigentlich? Wozu bin ich eigentlich hier? Oder da? Oder überhaupt irgendwo? Immer nur die Maschine ölen, aber nie benutzen. Immer nur die Krümel aus den Startlöchern pulen. Das kann es doch nicht sein. Immer nur Warteschleifchen um das Paket des Lebens binden. Also, Leute, mal ehrlich, da hätte man doch gleich Quark im Schaufenster bleiben können.

Ab und zu überfällt sie einen, die Sinnfrage. Man wacht auf aus seinen Verrichtungen, man taucht auf aus seinem Trott, steht neben sich, betrachtet sich und denkt: HÄH?! Bin das ich? Ist das alles? Oder kommt da noch was? Aber wenn, dann müßte es sich mittlerweile schon ein bißchen beeilen, sonst trifft es mich nicht mehr an. Ach, wär das schön, wenn sich noch was täte in der verbleibenden Zeit. Wenn da noch was geht. Wenn da noch was läuft. Meinetwegen auch rennt.

Man möchte doch auch ein bißchen rotieren, wo doch gerade alle durchdrehen. Hunde sind neuerdings die besten Freunde der Postboten, falls sich überhaupt noch welche blicken lassen. Grüne Politiker werden bald Verteidigungsminister. Der amerikanische Präsident gibt pazifistische Äußerungen von sich, für die er sich vor einer Woche noch am liebsten hätte erschießen lassen. Auf AfD-Kundgebungen läuft als Anheizmusik Bob Marley.

Fernsehköche entschuldigen sich bei den Auberginen für die Verwendung von Fleisch. Öko-Tussis stöhnen kurz vor dem Orgasmus SOOO-JA!

Wär doch toll, wenn einen die eigene Frau ankuckt und sagt: „Bist das du? Oder kennen wir uns möglicherweise noch gar nicht?"

Und man antwortet quietschvergnügt: „Ich war's, aber ich bin es nicht mehr. Stell dich drauf ein, Baby, daß ab jetzt alles anders wird. Ehe wir ganz alt aufhören, fangen wir noch mal ganz neu an. Zieh dich warm aus, Baby, bei uns geht es rund in der verbleibenden Zeit."

09.08.2019

## IMMER NAZI

Irgendjemand nennt dich immer Nazi
    ganz egal was du zu sagen hast
wenn du nicht so sprichst wie er das möchte
    wenn du nicht zu seinem Weltbild paßt

Daß die Linken Rechte Nazis nennen
    ist ja hin und wieder durchaus wahr
heute aber nennen auch die Rechten
    Linke Nazis – ziemlich sonderbar

Jeder nennt inzwischen jeden Nazi
    ist er nicht politicalkorrekt
soll uns das am Ende etwa sagen
    daß ein Nazi in uns allen steckt?

Ökonazis christsoziale Nazis
    Sozinazis Nazis liberal
und dazu die echten braunen Bazis
    Deutschland einig nationalsozial

Nicht nur was du sagst macht dich zum Nazi
    sondern auch was du dir leise denkst
niemals kannst du dich verständlich machen
    ganz egal wie sehr du dich verrenkst

Jeder fühlt sich ständig angegriffen
    wenn du nicht in seine Kerbe haust
und du wirst gesteinigt und geschlachtet
    wenn du nicht durch seine Brille schaust

Immer siegt der aggressivste Brüller
    mit dem inhumansten Vorurteil
hier im postmodernen Meinungsmachtkampf
    und am Ende jodeln alle HEIL

Mann und Frau sind Nazi und Nazine
    ob sie es nun wollen oder nicht
so brennt die Verteufelungsmaschine
    Hakenkreuze jedem ins Gesicht

Wovon nur die Leute profitieren
die tatsächlich echte Nazis sind
schwer sie noch zu identifizieren
Nazi-Inflation macht naziblind

Also denk und sag am Besten gar nichts
tarn dich lieber als bekloppter Spast
denn irgendjemand nennt dich immer Nazi
ganz egal was du zu sagen hast

09.08.2019

## MUSIKER AUF PARTYS

„Meine beste Platte war die völlig überschätzte zweite", sagte die zerlumpte Musiker-Ruine, „weil sie von den falschen Leuten, die immer in der Mehrheit sind, überschätzt wurde, wurde sie natürlich von den richtigen Leuten, also denen, für die sie eigentlich gemeint war, total unterschätzt, verstehst du? Sie machte mich reich aus völlig verkehrten Gründen und beliebt beim unmusikalischen Pöbel. Und gleichzeitig machte sie mich verhaßt aus völlig richtigen Gründen bei den Menschen, die Ohren haben zum Hören. Denn sie war auch wirklich hassenswert. Das wollte und sollte sie sein. Sie sollte das Negative in den richtigen Leuten hochkochen lassen und das Positive in den falschen Leuten. Also das in Wahrheit ja

Negative, denn das Negative in den richtigen Leuten ist ja das in Wahrheit Positive, und insofern hat die Platte alles erreicht was ging, verstehst du?“

„Nein“, sagte ich. „Was trinkst du gerade? Kann ich davon auch einen haben?“

„Gin“, sagte die zerlumpte Musiker-Ruine. „Ich trinke nur Gin, Gin pur. Den Gin des Lebens. Und ich geb dir nichts ab, du Fanta-Typ. Du verstehst mich nicht. Du willst mich nicht verstehen. Du könntest schon, aber du willst einfach nicht. Das seh ich dir an der Nasenspitze an. Was bist du von Beruf? Etwa Kritiker?“

„Gebrauchtwagenhändler“, sagte ich. „Und meine Hobbys sind der Zweite Weltkrieg, Tomatensuppe und Masturbation. Inzwischen mußt du doch über dreißig Platten gemacht haben. Warum hast du überhaupt weitergemacht, wenn deine zweite schon die Beste war?“

„Arschloch!“, sagte die zerlumpte Musiker-Ruine, griff sich ein kahlköpfiges Mädchen, das genauso alleine auf der Party rumstand wie er, und fing an, wie verrückt mit ihr zu einem Song von ABBA zu tanzen.

Musiker auf Partys sind echt das Letzte.

14.08.2019

# MEPHISTO

Das Elend begann mit dem Wahlrecht der Frau
    vielleicht auch viel früher man weiß nicht genau
vermutlich mit allem was irgendwie neu ist
    was fremdgeht und dem was zuvor war nicht
    treu ist

Das Elend heißt Fortschritt diese schäbige Lüge
    das Versagen von Gott und des Teufels Intrige
so schreiten wir immer nur schamloser fort
    vom Garten in Eden vom heiligen Ort

Zigeuner nicht Roma und Neger noch Neger
    und Männer noch Männer nicht Krankenpfleger
und Frauen kreuzglücklich in der häuslichen Rolle
    und Jugend gehorsam statt Elvis-Tolle

Du kannst daran glauben es kann dir gelingen
    im Zweifelsfall mußt du dich halt dazu zwingen
der Irrtum von dem ich dich gründlich erlöse:
    Das Gute sei gut und das Schlechte sei böse

Denn das Gute ist schlecht und das Böse ist richtig
    was dabei unter'n Tisch fällt ist wirklich nicht
    wichtig
den Armen die Armut und den Reichen die Macht
    die Sonne dem Tag und die Sterne der Nacht

Wer das Gute erkämpfen will ist ein Verbrecher
    ist ein Spinner ein Streber ein Klassensprecher
nur das Böse erfüllt das Gesetz der Natur
    denn der Teufel regiert und Gott ist zur Kur

Der Starke ist stark und der Stärkste hat Recht
    sein Gewissen ist rein er ist selbstbewußt schlecht
nur die Schwachen verkünden mit Tücke und List
    daß die Härte dem Menschen nicht zumutbar ist

Die Krüppel noch Krüppel und die Umwelt noch Welt
    da war es um alles noch besser bestellt
ganz aufhalten geht nicht aber wenn wir uns stemmen
    wär die Drehung der Erde zumindest zu hemmen

Statt nach vorne zu schauen blicken alle zurück
    und am Horizont schimmert vergangenes Glück
daß es SO niemals gab aber das ist egal
    für die Sehnsucht gibt's immer ein erstes Mal

O wie haben Verführer für das Gute geworben
    Millionen von Opfern für das Gute gestorben
das Schlechte hat eine verheerende Presse
    ich sage: Dem Guten gehört auf die Fresse

Auch der Teufel ist nur ein gefallener Engel
    ich hasse die Blüten und ich liebe die Stengel
in den Blüten ist Täuschung in den Stengeln ist Saft
    nach dem Rauswurf aus Eden trat Mephisto in Kraft

18.08.2019

# DER SCHLAFENDE HUND

Was soll man denn schon machen spät abends, wenn man erwachsen ist? Die Frau – wenn man eine hat – ist längst schlafen gegangen. Der Hund – wenn man einen hat – auch. Die Freunde – wenn man noch welche hat – wohnen in anderen Städten und wollen um diese Zeit nicht mehr telefonieren. Sie müssen morgens früh raus.

Manche Leute, so hört man, hocken einsam in Bars, bis sie schließen. Manche Leute, so hört man, gehen ins Bordell. Selbst wenn sie es schon lange nicht mehr bringen. Und wenn man weder zu der einen Sorte noch zu der anderen gehört: Was soll man dann schon machen spät abends, wenn man erwachsen ist und nicht schlafen kann und nicht schlafen kann und nicht schlafen kann?

Im Fernsehen laufen um die Zeit nur Wiederholungen, die man schon achtundsiebzigmal gesehen hat. Nach dem einundfünfzigsten Mal konnte man sie auswendig mitsprechen. Nach dem vierundsechzigsten Mal nicht mal mehr das. Man sitzt auf dem Sofa, neben dem schlafenden Hund, und trinkt Weißwein. Rotwein. Bourbon. Scotch. Und man wird und man wird nicht betrunken.

Eigentlich hat man ja ein gutes Leben, denkt man. So lange, bis nachts die Lichter in den Nachbargärten ausgehen. Und die Frau schlafen geht. Und der Hund. Man träumt von Uniformen. Und von gewaltsamem Sex, zu dem man gar nicht mehr in der Lage wäre. Und man ist allein, allein wie ein leerer Swimmingpool.

Und der letzte Gedanke, bevor man auf dem Sofa sanft und von sich selbst unbemerkt ins Koma sinkt, ist: Hoffentlich bleibe ich verschont von den Streifschüssen und Fleischwunden des Wahnsinns. Hoffentlich ist morgen auch noch ein Tag. Und hoffentlich weckt mich nicht gleich der schlafende Hund.

20.08.2019

# ÜBERALL MITTE, SONST NICHTS

Es gibt hier keine Kindergärten. Es gibt hier keine Altersheime. Es gibt hier nichts, was zu tun hat mit Anfängen oder mit Enden. Es gibt hier keine Randerscheinungen, denn es gibt hier keine Ränder. Nur Mitte.

Hier ist überall Mitte, sonst nichts. Hier ist überall Mitte, sonst nichts. Keine Ausländer. Nicht mal solche, die ihre Rechnungen bezahlen können. Nicht mal Zugezogene. Keine polnischen Wölfe. Keine von den Grünen angesiedelten Gelbbauchunken. Also auch keine Baustopps. Keine Gewalt, außer der normalen in der Ehe. Keine Diskussionen. Wir sind hier alle einer Meinung. Es gibt hier kein Querulantentum. Nur Mitte.

Hier ist überall Mitte, sonst nichts. Niemand nennt hier Kernkraftwerke Atomkraftwerke. Alle bedauern ihr Abschalten. Niemand geht hier zum Frauenfußball, außer ein paar Frauen. Sollen sie doch. Bei uns kann ja schließlich jeder machen, was er will. Niemand sagt hier Wählerinnen und Wähler, Bürgerinnen und Bürger, Soldatinnen und Soldaten. DIE WÄHLER klingt doch schon weibisch genug und für sprachlichen Firlefanz ist das Leben zu kurz. Niemand geht hier mehr in die Kirche, aber alle hassen den Islam. Juden hassen wir nicht, das gehört sich ja nicht mehr. Außerdem gibt es hier gar keine. Niemand tritt hier auf die Mietpreisbremse. Niemand läßt sich seinen Ess Uh Vau vermiesen oder sein Schweinenackensteak.

Wo es keine Ränder gibt, gibt es auch keine Randfiguren. Menschen mit Behinderungen, also Behinderte, werden unter den Teppich gekehrt. Menschen mit anderer sexueller Orientierung als der einzig wahren schicken wir in den Morast der Innenstädte, die wir meiden wie das Weihwasser den Teufel. Natürlich sind auch wir weltoffen. Manchmal veranstalten wir schwedische Wochen. Dann essen wir auch mal Knäckebrot und Abba-Fischcreme. Aus Orten wie unserem kommen die Flippers und die Amigos mit ihren fetzigen Schlagern. Noch lieber als Schweinenackensteaks essen wir Erbrochenes.

20.08.2019

# UNSCHÄDLICH MACHEN!

Das, was die Blöden am meisten lieben, ist die Blödheit. Deswegen hat es überhaupt keinen Sinn, ihnen zu erklären, daß die Politiker, die sie wählen, blöde sind. Denn erstens sind die Blöden viel zu blöde, um Erklärungen zu verstehen. Und zweitens mögen sie ja an den Politikern, die sie wählen, gerade deren Blödheit ganz besonders, weil sie sich darin wiedererkennen. Wie ein Affe in einem Spiegel. Oder sie halten drittens die Erklärung für eine Lüge. Für eine leere Behauptung. Für einen Fake. Dann sind sie nicht nur blöde, sondern auch noch böse. Und damit doppelt unbelehrbar.

Es führt überhaupt nicht weiter und überzeugt nur die sowieso schon längst Überzeugten, die Blödheit der Politiker, die bei den Blöden beliebt sind, zu entlarven. Diese Politiker werden, wenn sie an der Macht sind, das Entlarven abschaffen. Und dafür von den Blöden, die sie an die Macht gebracht haben, bejubelt werden. Diese Politiker werden das Argumentieren abschaffen. Sie werden das Beweisen abschaffen. Sie werden die Wahrheit und das Bemühen um sie abschaffen unter ständig stärker werdendem Beifallsdonner der Blöden, der nahtlos in Kanonendonner übergehen wird.

Es hat keinen Sinn, das Gespräch mit Vollpfosten zu suchen. Genauso gut könnte man probieren, einem Pony Altgriechisch beizubringen. Vollpfosten verstehen nur die Sprache der Wölfe. Heulen. Beißen. Reißen. Schlaumeiereien bringen uns nicht weiter. Mit Hirnlosen kann man nicht debattieren. Man muß sie bekämpfen. Zu Lande. Zu Wasser. Und in der Luft. Man muß sie besiegen. Man muß sie unschädlich machen.

29.08.2019

# DAS IST DEMOKRATIE

Demokratie. Demokratie. Gib den Leuten die Freiheit, Verbrecher zu wählen, und sie tun es.

Demokratie, Demokratie. In einem dunklen, menschenleeren Haus plingt ein Handy und auf dem Display steht: FREIHEIT GLEICHHEIT BRÜDERLICHKEIT.

Dazu plärrt auf dem Nachbargrundstück eine Rotzgöre: „Mama! Mama, wo steckst du denn, du fucking bitch?"

Das ist Demokratie. Demokratie. Zwölf von zehn Befragten sagen, daß sie keine Ausländer hier haben wollen. Das Meinungsforschungsinstitut wird geschlossen

Demokratie. Demokratie. Die Schließmuskelschwäche der Großmäuler. Weich, aber unfair. Fußball mit Behinderungen und Tag der offenen Hose. Die fieberhafte Suche nach Endlösungen für Zwischenlager. Oder waren es Zwischenlösungen für Endlager? Und was wird da überhaupt eingelagert? Die Zukunft? Quotenskeptische Frauen oder ketzerische Hauptschullehrer, die rechtschreiben können?

Demokratie. Das ist Demokratie. Sind das Tätowierungen oder Hautkrankheiten?

Kriegsverletzungen oder Piercings? Schlagertexte oder Schlagertexte?

Demokratie. Demokratie. Die Herrschaft der selbstverschuldeten Dummheit. Nie war so viel Bildung für alle so frei zugänglich wie heute. Aber es besteht keine Nachfrage. Kramp-Karrenbauer und Schäfer-Gümbel. Grill den Henssler und schlag den Raab als Bundespräsidenten vor. Lauter schweigen als der derzeitige Amtsinhaber kann er auch nicht.

Demokratie. Der Staat schwimmt im Geld, aber die Kinder können nicht mehr schwimmen.

Demokratie. Ach, lassen wir das. War nur Spaß. Alles super. Alles toll. Hoch lebe sie.

01.09.2019

# SCHMIERENKOMÖDIE

Herzlich willkommen zu unserer Schmierenkomödie der Krokodilstränen. Unbesungene Heldendarsteller erwarten Sie. Zwielichtige Lockvögel und misanthropische Meinungsforscher. Man muß sich ja immer was Neues einfallen lassen. Das Leben ist Kampf. Die Konkurrenz schläft nicht. Der Feind hört mit, was man auf dem Klo vor sich hin ins Unreine murmelt. Wahrscheinlich hat er auch Kameras in der Schüssel installiert.

Also herzlich willkommen hier in Gütersloh. Obwohl wir ja in Wahrheit in Eisenhüttenstadt sind. Glauben Sie etwa, wir wüßten das nicht? Aber die Wahrheit ist doch heutzutage weniger als einen Mausklick weit von der Lüge entfernt. Da drücken wir doch einfach mal den ALLES-WURSCHT-Button und lassen fünfe einen guten Mann sein.

Unsere Schmierenkomödie trägt den schwunghaften Titel: WIR SIND KEIN VOLK oder DAS WAR WOHL NIX, eine Wiederveruneinigung in drei Akten. Erster Akt: Sie konnten zueinander nicht kommen. Zweiter Akt: Hoppla, dann doch. Dritter Akt: Freiheit günstig abzugeben – Mauer gesucht. Ein Hexenkessel Graues mit Bauchgefühltanzeinlagen und Schnellfeuerspuckern, Hängern und Würgern und wütenden Bürgern. Das Land ist tief zerklüftet und unterteilt in Wessis und Ossis, Gutis und Bösis, Dummis und Blödis. Ein zeterndes Pack, das zu nationalromantischer Begleitmusik Ausländer aus ihrem Migrationshintergrund schüttelt, damit sie hier gar nicht erst flüchtlingsheimisch werden.

Leute, da bleibt kein Matschauge trocken. Da entdeckt der letzte Plastiktütenvermeider seine unheimlichen Führerqualitäten. Es geht ja schon längst nicht mehr darum, wie es uns geht. Es geht darum, wie man sich fühlt. Denn es geht den meisten Leuten hier verdammt gut. Geradezu märchenhaft gut, verglichen mit dem Rest der Welt. Aber gefühlt geht es ihnen abgehängt. Ausgegrenzt. Ignoriert. Ausgelacht. Sie sind empört, daß man ihrem hirntoten Blöken nicht zuhört. Sie haben doch so eine Scheißangst vor, na sagen wir mal, Negern. Besonders da, wo es gar keine gibt. Neger nehmen ihnen die Sonne weg. Dafür sind die doch bekannt. Nirgendwo ist der Haß auf Neger größer als da, wo es gar keine gibt. Diese verdammten Afrodisiaken. Selbst durch Abwesenheit glänzen sie noch schwarz. Wie die gleichnamigen Küsse.

Und die Leute haben endgültig die Schnauze voll davon, daß jedes Winken mit dem Hitlergruß verwechselt wird. Es IST der Hitlergruß und KEIN WINKEN. Josef Stalin meinte nach dem Zweiten Weltkrieg: „Die Nazis kommen und gehen – das deutsche Volk bleibt."

Hier irrte Stalin. Umgekehrt wird ein Schuh draus.

In diesem Sinne: Viel Spaß!

07.09.2019

# DEIN GEDANKE SEIN

Ich möchte dein Gedanke sein
    sonst nichts
dein Gedanke möchte ich sein
    keine Haut
keine Knochen
    körperlos
schwerelos
    nur dein Gedanke
nicht mehr und nicht weniger
    als dein Gedanke sein
dein Gedanke sein
    deiner Phantasie entsprungen
aber nicht entlaufen
    o nein
ganz und gar und immerdar
    in deiner Phantasie beheimatet
wie ein Kind das nie geboren werden muß
    das immer in der Mutter bleibt
glücklich
    geborgen
behütet
    versorgt
umhegt und umgeben von der schönsten aller
Dunkelheiten
    nicht Ausgeburt deiner Phantasie
o nein

sondern Eingeburt
für immer Eingeburt
du hast dir mich nicht ausgedacht
du hast mich eingedacht
in dich
und ich bin nichts
als dein Gedanke
das wäre mehr
unendlich mehr für mich
als alles andere
du meine Schöpferin
ich dein Geschöpf
Geist von deinem Geist
Wort statt Haut
Bedeutung statt Knochen
Klang statt Blut
Stimmung Stimme Gestimmtheit
statt Fleisch
das möchte ich sein
das wünsche ich mir
dein Gedanke möchte ich sein
nichts als dein Gedanke
alles als dein Gedanke
dein Gedanke
versuch's

07.09.2019

# ICH LANGWEILE MICH

Morgens steht mein Körper auf, rasiert sich, putzt sich seine Zähne, uriniert und duscht, zieht sich an und frühstückt zeitunglesend.

Aber ich langweile mich.

Mein Körper gibt dem Körper meiner Frau einen Kuß und geht zur Arbeit. Neun bis fünf. Großraumbüro. Montags bis freitags. Irgendetwas verrichtet mein Körper da. Er telefoniert, starrt auf einen Bildschirm. Es ist von allergrößter Wichtigkeit. Es hat überhaupt nichts zu bedeuten. Jedenfalls hat es nichts mit mir zu tun.

Dann kommt mein Körper wieder nach Hause. Die Körper seiner zwei Kinder flüchten bei seinem Anblick in ihre Zimmer, an deren Türen BETRETEN VERBOTEN steht.

Manchmal fragt der Körper meiner Frau meinen Körper, wie mein Tag war. Meistens fragt er nicht. Und das ist meinem Körper auch lieber.

Er läßt sich in ein Sofa plumpsen. Und wartet fernsehend aufs Abendessen. Nach dem Abendessen wartet er verdauend und weiterhin fernsehend darauf, daß es Nacht wird und Zeit, ins Bett zu gehen.

Meistens geht der Körper meiner Frau schon deutlich vor meinem Körper ins Bett. Manchmal aber auch nicht. Dann liegen unsere beiden Körper nebeneinander. Hin und wieder auch ineinander. Das ist dann immer noch ganz schön. Durchaus. Durchaus. Das muß mein Körper zugeben. Ganz kurz ist das ganz schön. Immer noch.

Dann schlafen die beiden Körper ein und haben nicht mehr die geringste Ahnung voneinander. Wie es meiner Frau geht, weiß ich nicht. Aber ich habe so meine Vermutungen.

07.09.2019

## SAG DEINEN SATZ

Zwischen mir und der Welt ist eine schwarze Wand ohne Tür. Unüberwindlich. Ich trommle mit den Fäusten dagegen. Ich schlage mir die Stirn an ihr blutig. Ich schreie. Es ist aussichtslos. Die Welt hört mich nicht. Die Welt sieht mich nicht. Nimmt mich nicht zur Kenntnis. Weiß überhaupt nichts von meiner Existenz.

Aber ich muß genauer sein. Ich muß mich zutreffender ausdrücken. Ich mache mir die Sache zu einfach. Die Wand ist nämlich nur von außen schwarz. Also auf der Seite der Welt. Auf meiner Seite ist die Wand aus Glas. Ich kann hindurchsehen. Es ist wie bei den Verhörzimmern der Polizei: von der einen Seite ja, von der anderen Seite nein. Und es ist überhaupt eine merkwürdige Wand. Sie ist beweglich. Sie macht alle meine Verrenkungen mit. Sie umgibt mich wie eine Röhre von allen Seiten. Und es kommen auch Menschen und Dinge zu mir herein. Ich verhungere und verdurste ja nicht. Manchmal gibt es sogar was zu lachen oder zu lieben. Aber ich komme nicht hinaus, egal was ich mache. In dieser Beziehung ist die Wand eisern.

Und auch bei den Menschen und Dingen, die zu mir hereinkommen, habe ich das Gefühl, daß sie mich letzten Endes gar nicht sehen. Nicht wahrnehmen. Also irgendwie nicht mich, sondern etwas anderes. Ab und zu flüstert die Wand: SAG DEINEN SATZ. Und wenn ich das tue, wenn ich diesen Befehl befolge, wird die Wand auch von außen gläsern und alle können mich sehen. Genau so lange, wie dieser Satz dauert.

Manchmal kann ich vor lauter Einsamkeit dieser Versuchung nicht widerstehen und sage meinen Satz. Er lautet: DEIN IST MEIN GANZES HERZ. Dann sehen mich alle. Und danach wird die Wand wieder dunkel.

07.09.2019

## ZUWACHS-RATEN

Linke Politiker sagen in Talkshows, die Konservativen stärken die AfD. Ergebnis: 1000 AfD-Stimmen mehr.

Konservative Politiker (aber gibt es die eigentlich überhaupt noch?) sagen genau das Gleiche über die Linken. Ergebnis: 2000 AfD-Stimmen mehr.

Groko-Politiker machen Witze über Schwule und Lesben. Ergebnis: 3000 AfD-Stimmen mehr (obwohl es auch Schwule und Lesben in der AfD gibt).

Oppositionspolitiker empören sich darüber, daß Groko-Politiker solche Witze machen. Ergebnis: 4000 AfD-

Stimmen mehr (vielleicht von den Schwulen und Lesben, die bisher noch was anderes gewählt haben).

Linke Politiker nennen die AfD Nazis (es gibt Nazis in der AfD). Ergebnis: 5000 AfD-Stimmen mehr.

AfD-Politiker nennen die Linken Nazis (die dürften dort nicht ganz so leicht zu finden sein). Ergebnis: 6000 AfD-Stimmen mehr.

Eine Meute von dummen, arroganten Politikern aller Parteien außer der AfD sagt, Thilo Sarrazin sei nichts als ein Volksverhetzer. Obwohl sie ihn nicht gelesen haben. Ergebnis: 7000 AfD-Stimmen mehr.

Eine Minderheit von vernünftigen, nachdenklichen Politikern aller Parteien außer der AfD sagt, daß Thilo Sarrazin in einigen Punkten recht hat. Weil sie ihn gelesen haben. Obwohl einige sogar in der SPD sind. Ergebnis: 8000 AfD-Stimmen mehr.

Die Leute, die sich nicht genug gewertschätzt fühlen, die sich als Deutsche zweiter Klasse vorkommen, wählen AfD. Besonders im Osten.

Aber die AfD ist eine westdeutsche Erfindung. Fast deren gesamtes Führungspersonal besteht aus Wessis: Meuthen. Gauland. Weigel. Höcke. Et cetera. Und eine AfD-Hochburg ist Ingolstadt in Bayern, eine der reichsten Städte Deutschlands.

Also, was nun? Die Partei der ignorierten grauen Mäuse, die ein Schattendasein führen? Oder doch die Partei der wohlhabenden Esel, denen es zu gut geht und die auf den üppig gedeckten Tischen tanzen?

Früher kamen sehr viele Flüchtlinge. Mehr Stimmen für die AfD. Heute kommen weniger Flüchtlinge. Mehr Stimmen für die AfD. Fragen Sie mich bitte nicht nach einer schlüssigen Erklärung. Ich habe keine – nur das Gefühl, dieses Land ist im Begriff, komplett wahnsinnig zu werden.

14.09.2019

## WIR SIND DIE MENSCHEN

Wir sind die Menschen, denen bei dem Wort VOLK eher das Wort PACK einfällt als das Wort GEMEINSCHAFT.

Wir sind die Menschen, die mit Jimi Hendrix und David Bowie aufgewachsen sind und nicht mit den Finstertaler Zipfellutschern und DJ Hirni.

Wir sind die Menschen, die offen sind für die Welt. Nicht offen wie ein Scheunentor – das wäre unklug und würde hier zu einem Bürgerkrieg führen –, sondern offen im Sinne von neugierig und gastfreundlich. Weil auch wir überall, wo wir nicht zu Hause sind, Gäste sind und uns dementsprechend zu benehmen haben.

Wir sind die Menschen, die nicht verbockt und miefig unter sich bleiben wollen und weder etwas gegen Fremde haben, die bei uns zu Gast sein wollen, noch gegen Fremde, die zu uns kommen, um irgendwann nicht mehr Fremde zu sein, sondern zu uns gehören wollen, indem sie alle

Spielregeln akzeptieren, die hier bei uns gelten. Weil solche Menschen unser Gemeinwesen bereichern. Ob es sich rechnet oder nicht. Und nebenbei vor dem Aussterben retten.

Wir sind die Menschen, die zutiefst davon überzeugt sind, daß das beste Heilmittel gegen Engstirnigkeit, Dummheit, Angst, und Haß BILDUNG ist. Und wir sind entsetzt über die fast schon systematische Verblödung unserer Kinder in den öffentlichen Schulen, an denen leistungsfeindliche, kind-ungerechte, sogenannte Pädagogen den Ton angeben und nicht Lehrer, die diesen Namen verdienen.

Wir sind die Menschen, die sich Sorgen machen um die Zukunft. ABER AUCH UM DIE GEGENWART. Denn wir haben schon genug Hysterien, Panikmachen und Aufregungsmoden miterlebt. Die 68er. Nachrüstung. Waldsterben. Atomfurcht. Wir halten nichts von vorwiegend jugendlichen durchgeknallten Sekten, die sich aufführen wie im finstersten Mittelalter und mit veganem Schaum vor dem Mund am liebsten alle SUV-Fahrer kreuzigen möchten.

Zukunft ja. Aber nicht mit tollwütigen Verboten. Reglementierungen und Zwängen. Sondern mit kreativen Innovationen und Initiativen. Wir sind weder Moralpächter und Correctness-Klugscheißer noch rechtsdrehende Ratten für die diesbezüglichen Fänger.

Wir sind die Bewohner dieser schönen Gegend.

Wir sind die Bürger.

Wir sind die Menschen.

22.09.2019

# ZUM LETZTEN MAL GLÜCKLICH

So richtig zum letzten Mal glücklich war ich auf der Beerdigung meiner Großväter. Aber bei beiden war ich nicht. Und der eine Großvater war schon gestorben, ehe ich geboren war. Und der andere trug immer ein Hitlerbärtchen und mochte mich nicht.

So richtig zum letzten Mal glücklich war ich am Elbestrand in Blankenese, als ich neben Sophia Loren in einem Lokal saß. Wir aßen Fisch. Sie streifte ihre Schuhe ab und wühlte ihre nackten Zehen in den Sand. Aber diese Begegnung – wahrscheinlich ist es unnötig, das extra zu erwähnen – hat natürlich niemals stattgefunden.

Ich hoffe, es geht mir gut. Ich wünsche mir nur das Beste. Verbrenn diesen Brief. Niemand darf ihn je finden. Nicht mal ich. Laß den Fernseher an die ganze Nacht. Ohne Ton. Und schlaf auf dem Fußboden. Zusammengekrümmt wie ein Embryo. Nahe vor dem Bildschirm. Und nimm das Flackern der Bilder mit hinter deine unterversicherten Augen. In deine Träume. Oder was davon diesen Namen verdient.

So richtig zum letzten Mal glücklich war ich, als ich plötzlich französisch sprechen konnte. Aus heiterem Himmel. Aber ich war gerade Gott weiß wo. Und das interessierte niemand. Und ich mußte ständig pinkeln. Und es gab nirgends ein Gebüsch. Nur Horizont. Und Steine.

So richtig zum letzten Mal glücklich konnte ich schwerlich je gewesen sein. Weil es ja nie ein erstes Mal gab.

23.09.2019

## HASE UND IGEL

Die Geschichte vom Hasen und vom Igel
wird immer falsch erzählt
das Falsche in dieser Geschichte
hat mich ein Leben lang gequält

Es ist nicht der Igel der immer schon da ist
es ist natürlich der Hase
er winkt dem Igel zu vom Ziel
und dreht ihm eine Nase

Die Geschichte vom Hasen und vom Igel
ist pure Ideologie
es ist immer der Hase der gewinnt
der Igel ist es nie

Der Hase wird immer das Rennen machen
selbst auf einem Bein
der Igel kann krabbeln bis er krepiert
nie wird er Sieger sein

Die Geschichte vom Hasen und vom Igel
will so tun als gewönnen die Schwachen
um am Ende den schwachen und langsamen Igel
doppelt auszulachen

Der Hase ist stark der Hase ist schnell
der Hase ist intelligent
es bleiben dem plumpen und hilflosen Igel
nur Stacheln als Argument

Die Geschichte vom Hasen und vom Igel
läßt den Igel gewinnen durch List
doch das wirkliche Leben ist nicht raffiniert
weil das Leben ganz einfach ist

Denn selbst mit hundert Doppelgängern
der Igel wird nie gewinnen
ein Hase reicht und wird schneller sein
und die das bestreiten
die spinnen

24.09.2019

# ’NE ANDERE ZEIT

Ach, Kinder, das war damals ’ne andere Zeit. Wir aßen mit Messer und Gabel und Löffel und stopften uns nicht mit fettigen Wurstfingern die McBurger in die Fressluke. Überhaupt, Essen. Die Mädchen durften damals noch was Richtiges essen und mußten sich nicht das Leben nehmen, wenn man sie mit mehr als einem Salatblatt erwischte. Das war halt ’ne andere Zeit damals.

In der Schule lernten wir tatsächlich Lesen und Schreiben und Rechnen (ich weiß – das klingt heute total abgefahren) und nicht Sozialkompetenz und Teamfähigkeit, also Einschleimen und Abschreiben beim Klassenbesten. Es gab auch noch richtige Musik: Deep Purple, Emerson, Lake & Palmer, AC/DC, und nicht diese gesichtslosen Geräuschtapeten von heute mit elektronischem Marschmusikgestampfe. Auch wenn der Einmarsch in Polen nicht mehr nötig ist. Die haben ja inzwischen ihre eigenen Nazis.

In dieser anderen Zeit war eine idyllische Kleinstadt namens Bonn Bundeshauptstadt und nicht dieses hippe Notstandsgebiet Berlin. Damals war noch nicht jede Müdigkeit ein Burn-out, nicht jede spitze Bemerkung ein Mobbing und nicht jedes Kompliment eine potenzielle Vergewaltigung.

Die Leute sind so unfassbar empfindlich geworden. Aber nur an der Oberfläche. Darunter sind sie roh und bestialisch wie eh und je, und jeder Verzicht, den sie sich auferlegen, macht sie ein Stück verkniffener und verbitterter. Sie rauchen nicht mehr und werden politisch korrekt bis zum Sprach-Holocaust. Sie trinken nicht mehr und werden umweltfanatisch bis zum Maschinenstürmer-Irrsinn. Sie vögeln nicht mehr, weil sie Tag und Nacht auf Bildschirme starren statt auf Lustfleisch. Na ja, damit erlösen sie immerhin die Erde langfristig von ihrer schlecht gelaunten nachkommenslosen Gegenwart.

Ich will damit nicht sagen, daß es damals in dieser anderen Zeit, als wir jung waren, keine Probleme gegeben hätte. Es gab sogar richtig wichtige. Und nicht solche, wie sich Heidi Klum in den sozialen Netzwerken ihre Achselhaare zupft. Wir haben unsere auch nicht alle gelöst. Einige haben wir mit uns bis zu euch durchgeschleppt, aber eure Einstellung beunruhigt mich: FACEBOOK BEFIEHL – WIR FOLLOWEN DIR? Das kann es ja wohl nicht sein.

Ihr seid dran. Wir können euch das nicht ersparen, denn wir sind nicht unsterblich. Leider. Gott sei Dank. Leider. Leider. Gott sei leider Dank.

28.09.2019

## Heinz Rudolf Kunze

geboren 1956, ist ein deutscher Schriftsteller, Liedermacher und Rocksänger. Studium der Germanistik und Philosophie. Kunze hat bislang (Stand: 2018) mehr als 1.700 literarische Texte geschrieben sowie 475 Lieder veröffentlicht. Seinen bislang größten Single-Erfolg hatte er 1985 mit „Dein ist mein ganzes Herz". Zudem war er projektbezogen als Dozent für verschiedene Hochschulen tätig.

Der Autor ist stetig auf Tour und steht für weitere Veranstaltungen zur Verfügung.

www.heinzrudolfkunze.de

1. Auflage 2020
Bestell-Nr. 835 252
ISBN 978-386334-252-4

Umschlaggestaltung: Gute Botschafter GmbH, Haltern am See
Umschlagfoto: Martin Huch
Satz: Uhl + Massopust, Aalen
Druck und Verarbeitung: GGP Media GmbH, Pößneck
Printed in Germany
www.adeo-verlag.de